速効！ 5分で伸びる！

子どもの走り方トレーニング

［編著］
IWA ACADEMY
木村匡宏

TOYOKAN BOOKS

子どものかけっこを速くしたい！

子どもたちは、みんな〝かけっこ〟が大好きです。〝かけっこ〟が速いということは子どもたちにとって特別なことです。

幼い頃から体の感覚を育み、正しい走り方を身につけることは、将来的な運動能力の伸びしろを大きくするだけではなく、子どもたちの「できる！」という自信につながります。

この本は、保護者の方をはじめ、子どもたちに関わる全ての方に読んでもらえるように作りました。巻頭では、子どもにとって、なぜ〝かけっこ〟が大切なのかを脳科学研究の分野から、子どもの発達科学研究所　主席研究員　和久田学先生に解説いただいています。

1章では、かけっこを速くするために身につけるべき運動感覚について解説しました。具体的な走るスキルを身につける前に、そもそも自分の体を正しく感じるスキルが必要だからです。脳と体は、感覚神経（入力）と運動神経（出力）の絶え間のないやり取りでつながっています。走る動き（出力）に入る前に、まず自分の体の感じ

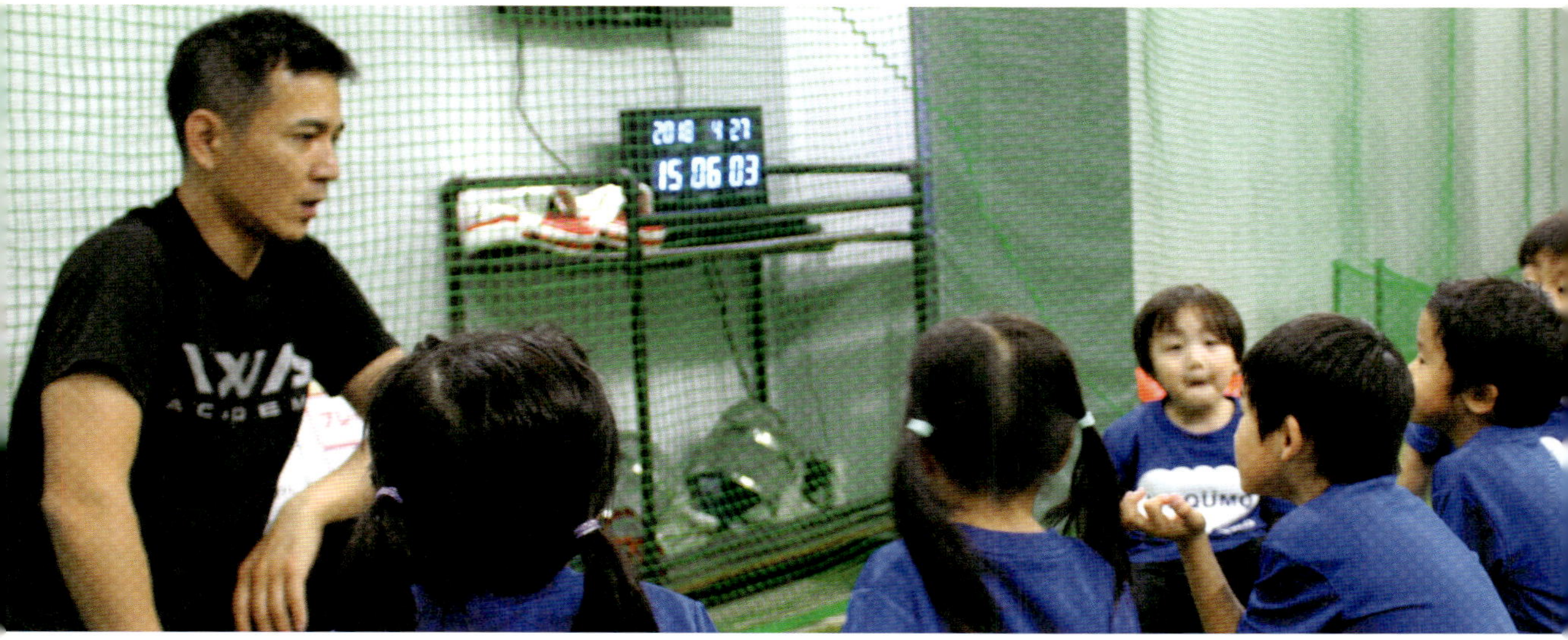

取り方（入力）を育むことが大切なのです。

2章では、いよいよかけっこが速くなるための体操やスキルを紹介します。子どもは脳も体も未発達で、言葉だけで走り方を理解することはまだ難しいでしょう。ところが、体で覚えてしまう感性はもっとも敏感に働いている時期です。体で覚えたことは、逆に忘れる方が難しい程です。この時期に、かけっこが速くなるためのスキルを様々な体操を通して体で覚えてしまうのです。その具体的な方法についてお伝えいたします。

巻末には、ランニングのプロコーチ秋本真吾氏に登場いただき、速く走るためのメカニクスを学ぶ機会をいただきました。正しい努力には、正しい知識が必須。誰もが憧れる超一流のスプリントコーチから学んだ内容は、とてもわかりやすく、子どもたちが大きくなったときにもきっと役に立つでしょう。スポーツをやりたい子どもたちは絶対に知っておくべき内容です。

この本が、将来伸びる子どもへの土台作りに役に立てば、これほど嬉しいことはありません。楽しんで夢中になってやったかけっこや運動が、健康な体と脳の発達へとつながり、子どもが大きくなったときに、どんなことでも意欲的に打ち込めることを願っています。

木村匡宏

目次《もくじ》

子どものかけっこを速くしたい！ 2
かけっこが重要な理由 6
運動と脳の発達 8
進化と私たちの脳 10
進化と私たちの動き 12
良質な記憶を作る 14
考える脳を育てる 16
本書の使い方 18

第1章 走るための感覚を育む

運動感覚を伸ばす4要素 20
まずは効果を実感！ バイバイ→ダッシュ 22
イメージがあると動きが変わる 24
SECTION1 お魚体操 26
SECTION2 カエル体操 27
SECTION3 トカゲ体操 28
SECTION4 ライオン体操 29
SECTION5 全身グーパー 30
SECTION6 脚クルクル→ダッシュ 32
改めて効果を実感！ ゆする→ふる→通す→回す 34
COLUMN❶ かけっこトレーニング体験記 36

第2章 かけっこトレーニング

かけっこトレーニングのポイント …… 38
SECTION 1 足指ニギニギ＆足しぼり＆足動かし …… 40
SECTION 2 足首＆ひざ裏伸ばし …… 42
SECTION 3 ブリッジ …… 44
SECTION 4 全身ゆすり …… 46
SECTION 5 呼吸通し …… 48
SECTION 6 肩甲骨クルクル5ワーク …… 50
SECTION 7 胸シャッフル …… 52
SECTION 8 手バイバイシャッフル …… 54
SECTION 9 腕ふり全身シャッフル …… 56
SECTION 10 水バシャバシャ …… 58
SECTION 11 クロススタート …… 60
SECTION 12 コーナリングストレッチ …… 62
SECTION 13 肩甲骨さすり …… 64
SECTION 14 背骨トントン …… 66
SECTION 15 肋骨呼吸 …… 67
SECTION 16 おへそ呼吸 …… 68
SECTION 17 しっぽゆらし …… 69
SECTION 18 足指ニギニギ …… 70
SECTION 19 股関節クルクル …… 71
COLUMN 2 運動会・体力測定前の集中プログラム …… 72
走りのプロに学べ! かけっこ対談 秋本真吾×木村匡宏 …… 73

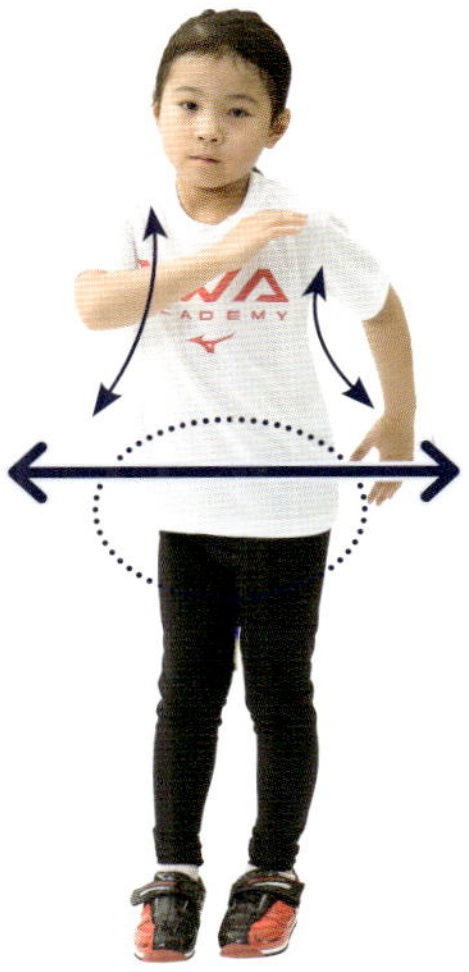

「できる!」を実感できる子になる
! かけっこが重要な理由

和久田学
公益社団法人 子どもの発達科学研究所
主席研究員

子どもたちの**体や運動**に注目しよう

あなたは小さな頃、
何をして遊びましたか？
どんな遊びが楽しかったですか？

誰もが楽しかった思い出の中に、公園で友達と遊んだ、鬼ごっこをした、砂遊びをした、などということがあるでしょう。小学生くらいになると、サッカーや野球、ドッジボールなど、ボールを使ったゲーム性のあるスポーツを挙げるかもしれないですね。

では、今の子どもたちのことを思い浮かべてみてください。

今、あなたの前にいる子どもたちは、大人になったとき、そのような思い出を語ることができるでしょうか？

実は怖いデータがあります。

50%の子どもが
スマートフォンと
タブレットを使用
NO
YES

日本の子ども、3歳から6歳の約半数が日常的にスマートフォンやタブレットを利用しているというのです。小さい子どもが、親のスマートフォンを与えられて、動画を見ていたりゲームをしていたりする光景、私たちはいろいろな場面で目撃していますが、それってどうなんでしょうか？

確かに動画を見せたりゲームをさせたりすれば、子どもはおとなしくなります。しかし、子どもの将来に、この経験がどんな影響を与えるのか、心配になることはありませんか。

こうしたスマートフォンの利用や動画の視聴について、子どもの発達によくない可能性が高いと注意を呼びかける人がいます。

たとえば、米国の小児科学会は、どんな知育的なソフトであっても、幼少期にそうした映像を見たりデジタル機器を使ったりした経験をすることは、その後の言語発達、つまり知的発達に負の影響を与えると訴えています。

また、OECD（経済協力開発機構）のレポートによると、21世紀の人類が直面する最も大きな問題は、デジタル機器の影響から運動不足になることであり、その結果としての肥満や生活習慣病が増えることだそうです。

21世紀に入りインターネットやAIが頻繁に使われるようになり、多くの物事がデジタルで処理される社会になりました。しかし私たちは、脳だけで生きているわけではありません。体があっての脳です。とするならば、21世紀を生きる子どもの発達を考えたとき、これまで以上に、子どもたちの体や運動に注目する必要があるのです。

かけっこは自己肯定感を育む

そこでかけっこのことを考えてみましょう。小学校時代を思い出してください。走るのが速いのは「かっこいい」ことでしたよね？

逆に走るのが遅いのは「かっこ悪い」ことでした。そうすると走るのが遅い子どもにとって、体育の時間や、運動会は楽しいものではなくて、やりたくないことであり、楽しめないことでもありました。

つまり、かけっこは自己肯定感（自分をよい、できると肯定的に捉える気持ち）に影響します。かけっこが速くないと、いくら勉強ができても、自己肯定感が傷つくことが多いのです。「ボクなんてダメだ」「私なんてダメだ」と考えるようになり、その影響は発達全般に及んでしまうのです。

さらに科学的にも、かけっこをはじめとするスポーツは、脳の発達との関連が深いことがわかっています。

とすると、かけっこのような運動は、私たちが思っている以上に子どもにとって重要なことだといえるのです。

はじめに紹介したとおり、21世紀を生きる私たちの最大の課題は、運動不足です。ですから、幼少期から「かけっこ」に親しみ、自己肯定感を高め、スポーツを生涯に渡って楽しめる基礎を築くことは、子どもの発達にとって、とても重要なことなのです。

運動の集中力は勉強にも通じます。「できる！」という感覚が育まれると勉強への意欲も高まります。

運動によって自己肯定感が高まると積極的にコミュニケーションを取れるようになります。

運動と脳の発達

運動は脳を刺激し、脳は運動を発達させる

「子育て」は「子どもの脳育て」

脳の発達というと、多くの人が勉強と結びつけて考えます。「頭がいい＝勉強ができる＝脳が発達している」という図式なんでしょうが、本当にそうでしょうか。

子どもの中には、お勉強はあんまりできないけれど、スポーツが得意な子、コミュニケーションが上手な子、地道に努力することができる子など、様々な「得意」のある子どもがいます。そういった子どもたちの「得意」について、私たちは脳と結びつけて考えることはあまりしないのですが、実は、こうしたこと全ては脳に関係しています。

考えてみてください。

運動するとき、あなたの筋肉は自動で動くのでしょうか？　誰かと遊ぶのは自動で決まるのでしょうか？

運動のやり方を教えるということは、脳に正しい動きを覚えさせるということです。正しい動きを「記憶させる」ことを意識しましょう。

私たちの行動の全ては、脳の命令を受けています。感じるのもそうですし、動くのもそうです。

計算問題を解いたり漢字を覚えたりすることだけが脳の働きではありません。怒ったり泣いたりするのも、喜ぶのも、やる気になるのも、楽しむのも、全て脳の働きです。

そうして考えてみると、私たちが「子育て」と呼んでいることは、「子どもの脳育て」ともいい換えることができるのです。

運動発達で大切なのは幼児期

そういう観点から、運動を考えてみましょう。

運動が得意で、かけっこが速い子がいます。逆に運動が苦手で、頑張ってもかけっこが速くない子がいます。

彼らの脳はどんな風になっているんでしょ

うか？

運動は、脳の中の「運動野」というところがコントロールしているといわれています。つまり「運動の発達＝脳の発達」なんですね。

特に子どもが幼いときに、運動野は発達するといわれています。

下の図を見てください。これはカリフォルニア大学のGogtayという研究者が、子どもの脳の発達を画像で表したものです。

青い部分は、脳の発達がある程度、完成していることを意味します。五歳の脳では、頭頂部が青くなっています。実はここが運動野です。つまり五歳になったときには、脳の中で運動の部分はある程度、成熟していることを表しています。つまり、運動発達で大切なのは幼児期になるということです。

ただし、「運動ができない子、かけっこが遅い子＝脳の発達が不十分な子」と単純に考えないでください。運動が苦手な脳でも、他のことが得意である可能性は大いにあります。

それに、時期の問題もあります。たまたま今は他の子に比べて運動野の発達が不十分だけ

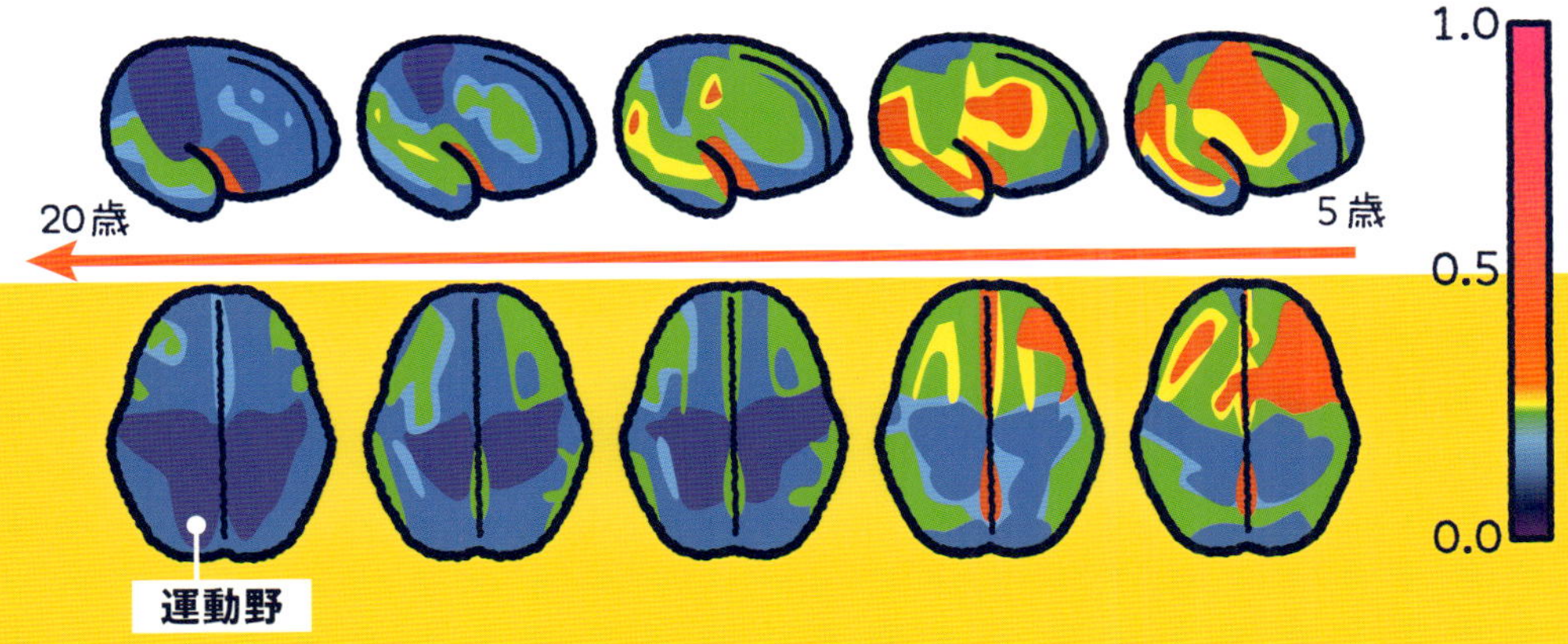

ど、このあと追いつくパターンです。

小さい頃から運動に親しませ、得意にすること——、これは脳の発達から考えても、すごく重要です。自己肯定感の問題もありますが、それ以上に運動は脳に刺激を与えるからです。刺激は脳の栄養です。よい運動は、よい感覚をもたらし、脳全体を発達させます。

それは子どもだけではなく、中高生はもちろん、大人でさえ、運動をしたら、脳の働きがよくなったことを証明する研究がたくさんあるのです（たとえば、朝、体育を毎日行った高校の成績がすごくあがった、スポーツジムに通う会社員はそうでない会社員より生産性が高いなど）。

では、「運動の発達」を「脳の発達」と関連させて考えていくことにしましょう。

具体的には、「脳全体の発達を促すには、どんな運動をどのように行うのがよいのか」を踏まえて、本書の目的である「かけっこが速くなる」方法について学んでいきましょう。

! 進化と私たちの脳

「やりたい」「楽しい」「気持ちいい」が重要

脳には「楽しい」と「興奮」が重要

私たちの脳は、簡単にいうと三階建てになっています。

これは進化の過程と考えられ、一階が古くて、三階が新しいというイメージです。ヒトは動物から進化したので、祖先にあたる動物の構造がいろいろなところに残っているということです。

さて、三階建ての一階部分は、魚類やハ虫類と同じ構造になっています。脳幹、間脳と呼ばれる部分です。「古代の脳」といわれることがあって、主に生命維持の役目を果たしています。

続いて二階部分は「ほ乳類の脳」です。ここを大脳辺縁系といいます。主に欲望とか感情などを扱います。危険やストレスを感じたり、記憶の最初の処理をしたりする部分です。

そして三階部分は、大脳皮質といわれるところで、「ヒトの脳」「新しい脳」と呼ばれます。言葉、認知、複雑な判断、創造力をはじめ、様々な知的な活動を行う場所です。

運動は脳の一階から三階まで、全てに関係しているのですが、ここでは二階と三階の関係について詳しくみていきましょう。

まず二階で大切なのは「(運動を)やりたい・(運動が)楽しい」などの意欲や感情です。ここには「(運動して)気持ちいい・すっきりした」といった感覚も関係しています。

一方、三階は高度な動きや姿勢のコントロールにかかわります。たとえば「こっちに向かってくるボールの動きを見て、それを受け取ろう」というものから、「チームで協力して、ゴールしよう」というような頭を使う

3階の役割である「高度な動きや姿勢のコントロール」は、あくまで2階の「やりたい・楽しい」が支えていることを忘れてはいけません。

ものまで多岐にわたります。

どちらも大切ですが、実は二階が三階を支えていることが重要なのです。

「(運動を) やりたい・(運動が) 楽しい」という気持ち、「(運動して) 気持ちいい」という二階の感覚が、体を上手に動かすという三階を支えています。特に小学校に入るくらいまで、その部分がとても大切になります。「やりたい」「楽しい」「気持ちいい」というものがなかったら、運動をやろうとは思わないでしょう。

楽しくて気持ちいいことが次々に起こると脳は興奮します。

脳全体が興奮すると、神経細胞の働きが活発になり、ニューロンの連結が増えたりスムーズになったりすることが研究から明らかになっています。特に幼い脳は、※可塑性が高く、少しの刺激に大きな反応をします。子どもが興奮しているとき、笑顔一杯のときは、脳がすごい勢いで成長していると考えられるのです。

こんな話をすると、興奮させてばかりいると、コントロールが効かない、落ち着かない子どもになるのでは、と心配する方もいるかもしれません。ところが、正当な興奮を味わった脳の方が、かえってコントロールが効くようになります。なぜなら「興奮」を経験することは、同時に「興奮を抑える」という経験をする機会を増やすともいえるからです。

「興奮」を味わったことのない脳は、のろのろ運転しかしたことのない車みたいなもの。それではブレーキの使い方を練習することができませんよね。やはりしっかりとスピードを出したことがあるからこそ、止まることができるのです。

注意が必要なのは興奮の質です。スマートフォンやゲーム機を使って騒いでいる子どもを見ますが、そうした興奮はホンモノではありません。スポーツのように様々な感覚、刺激を伴う興奮こそ、子どもの脳の発達を促します。ただ、大人に強制され、つらい練習を我慢させられるようなことは、「楽しさ」が必要な幼い子どもには早すぎるので注意しましょう。

※可塑性…外から力を加えて形を変えたとき、力を取り除いてもその形が変化したままになる性質

脳に刺激を与えて興奮することを経験して、初めて自分で興奮をコントロールできるようになります。

動物の「進化の過程」に沿って姿勢や動きをチェックする

! 進化と私たちの動き

運動の発達は進化の過程と一緒

進化に沿っているのは、脳だけではありません。当たり前ですが、私たちの体、そして動きにも、たくさんの進化の痕跡を見つけることができます。

たとえば、私たちには「尾骨」というしっぽの痕跡があるのは有名ですし、あんなに首の長いキリンも、私たちの首と骨の数が同じだというのも、面白い話です。

また、赤ちゃんの運動発達の中にも、先祖である動物の動きがたくさん含まれています。

生まれたばかりの赤ちゃんを思い出してください。

寝ているだけです。もにょもにょと動きますが、どこが動いていますか？

背骨ですよね。

魚類と同じで、赤ちゃんは背骨をくねらせ

ることから動き始めます。

続いて寝返りがうてるようになり、ついには座位が取れるようになります。これまで横たわっていた骨盤と背骨が、立ち上がってきます。このあたりは両生類と同じです。

赤ちゃんはその後ハイハイをはじめます。ハイハイは背骨を中心に、両脚を交互に動かします。ハ虫類と同じです。そのうち、足の指が床をつかみ、ぐいっと体を前に進められるようになります。

そして最後にはチンパンジーやゴリラのように立ち上がり、ついにはヒトらしい二足歩行ができるようになるのですが、最近の子どもは、そうした基本となる「立つ」という姿勢や「歩く」「走る」という運動にさえ、問題があると指摘されていることをご存知でしょうか。

文部科学省の調査によると、子どもたちの

外遊び、運動時間は年々、少なくなっていると報告されています。その一方で、映像を見たり、ゲームをしたりといった遊びが増えていることは間違いありません。

その結果、今どきの小学生の中には、肩こりを訴えたり、転んだときに手をつけずに酷い怪我をしてしまったりする子が増えているのです。埼玉県の調査ですが、幼稚園から中学生の子どものうち、片脚立ちに問題ある子どもが14・7%、しゃがみこみに問題がある子どもが15・3%とのことです。

今の子どもたちは、自動車での移動、洋式トイレ、ひねらなくてもよい蛇口など、超便利社会を生きているわけですから、その影響がないはずがありません。

こうした問題は、子どもたちの生活全体に悪い影響を与えます。たとえば、よく眠れない、疲れやすい、といった生活リズムや健康に関すること。それから、イライラすることが多い、怒りっぽいといった情緒面などです。

では、どうしたらよいのでしょうか。それは動きの基礎・基本から学び直すのがよいでしょう。つまり『進化の過程』に沿って、姿勢や動きをチェックし、直していくのです。

たとえば魚をイメージしてみましょう。背骨を中心にした運動は、ヒトの姿勢や動きの基本である体幹を鍛えます。両生類のイメージでは、骨盤が立ち上がることが重要で、これが座位や立位の基礎になります。さらにハ虫類、ほ乳類の「ハイハイ運動」は、肩関節と股関節をバランスよく動かすこと、腹筋と背筋のバランスなど、多くの基本的な動きや力のかけ方を学ぶことができます。

もちろん、こうした動きを繰り返せばよいということではありません。正しい動きを効率よく学ぶためには、正しい教え方で正しく子どもたちを導いていかなければなりません。

そして、そのとき大切になるのは「記憶」です。なぜなら、私たちの姿勢、運動は、子どもの頃の記憶によって形作られているものだからです。

肩関節や股関節の動き、体幹の筋肉の使い方はトカゲから学べます。

正しい姿勢、とりわけ骨盤の立て方はカエルのイメージです。

！良質な記憶を作る

大切なのは体を上手に動かす記憶

運動には非陳述記憶が重要

脳の機能のひとつに「記憶」があります。記憶は、単に思い出のように、言葉で語れるものだけではありません。認知心理学によると、記憶は2つの種類に分けることができるといわれています。

ひとつは陳述記憶といって、私たちが記憶として意識していること、言葉で表現できるものです。たとえば「去年の夏休みには○○に旅行したな」という個人的な記憶もそうですし、「徳川家康が江戸幕府を開いた」のような知識としての記憶もそうです。

もうひとつは非陳述記憶といって、言葉にすることができないものをいいます。たとえば、自転車の乗り方や車の運転の仕方などです。これらは実際に行うときに、言葉で思い出す必要はありません。自動的に体が反応するはずです。この「自動的」というところが、非陳述記憶そのものです。言葉にすることはできないけれど、「体で覚えている」というものです。

この非陳述記憶は、一度、学習してしまえば長期間、保存されるという特徴があり、その結果、実際に自転車に乗ろうとすると、それが十年ぶりだろうが二十年ぶりだろうが、何となく体が動いてそれができてしまう、ということが起こり得ます。

この非陳述記憶は、私たちの脳の中に膨大に蓄えられています。

文字を書くこと、読むこともそうですし、ピアノを弾くなどの楽器演奏もそうです。扉を開ける、閉める、歯磨きをする、食べる、といった日常動作もそうです。もちろん、これまでも話題にしてきた座位、立位といった姿勢、そして歩く、走るなどの基本的動作でさえ、非陳述記憶です。

つまり、私たちの日常生活は、ほとんど非陳述記憶でできているといってもよいかもしれません。

生まれたばかりの赤ちゃんは、まだそうした非陳述記憶がありません。そのため、立ったり歩いたりすることができないのです。

赤ちゃんが座るという姿勢を獲得するときのことをイメージしてください。いきなり座れるようにはなりません。最初はバランスを崩しますが、そのうち上手にバランスを取れるようになり、座っていられる時間が長くなっていきます。そのとき、赤ちゃんの神経細胞はすごく興奮し、新たな非陳述記憶を作っていると考えられます。

よい走り方の記憶を作る

そんな非陳述記憶に関する事実を前提に、運動のことを考えてみましょう。

子どもたちの中には、かけっこが得意な子と苦手な子がいます。彼らを比べてみると、脚の動かし方、手のふり方、体全体の動き方

体を上手に動かすための記憶（非陳述記憶）がないと上手く走れません。

よい動作の記憶（非陳述記憶）があれば、自然と上手に走れるのでタイムが速くなります。

に違いがあることがわかってきます。

これは記憶の問題です。つまり、よい動作を記憶している子どもと、そうでない子どもがいるのです。

ここまで考えれば、かけっこを得意にする方法がわかりますよね？

つまり彼らの非陳述記憶を変えるのです。よりよい動きを非陳述記憶として持つことができるように、記憶の入れ替えを行っていきます。しかし、記憶を入れ替えればいいといいながら、これがなかなか難しいのです。なぜなら、一度、身についてしまった非陳述記憶は、自力ではなかなか変えられないという傾向があるからです。

特に「走る」「歩く」のような基本的な動作は難しくて、大人でも変な歩き方の癖がついてしまうと、直せなくなります。だからこそ、子どもが小さいうちに、よい走り方の記憶を作る、もしくはよい記憶に直すことが大切になります。

運動は高度な脳の発達を促す

考える脳を育てる

子どもを幸せにする 非認知的スキル

子育てが、実は「子どもの脳育て」であることを確認しました。脳は進化の過程から三階建てになっていて、基礎部分の「楽しい」「気持ちいい」ことが大切なことも述べてきました。

ですが、大人になってからのことを考えると、さらに高度な「考える脳」を育てていかなければなりません。このことについて、OECDが興味深い研究結果を発表しています。

子どもたちの将来の成功を考えたとき、実は教科学習に代表される知識を得る学習（これを認知的スキルといいます）以上に教科学習以外の学習、たとえば「やり抜く力」「コミュニケーションの力」「手順よく作業を進める力」「誠実さ」など（これを非認知的スキルといいます）が必要だというのです。つまり単なる知識、記憶よりも、それらを上手に使う力の方が大切ということです。

皆さんの周りで、「あの人、知識はすごいんだけど、対人関係が苦手だから、せっかくの実力を活かせていないよな」とか、逆に「息子の友達のあの子、勉強はできないんだけど、人当たりがよくて、我慢強いからみんなから信用されている」といった人がいると思います。

そして、こうした非認知的スキルは、幼少期から育てることが大切で、その後の幸せに結びつきやすいこともわかっています。

「ペリー幼児教育計画」という超有名な研究によると、幼児期の質の高い教育は、40代の幸せ（たとえば年収、犯罪歴など）にまで影響を与えることが報告されています。ノーベル経済学賞のヘックマンの計算によると、その費用対効果は7倍にもあたるのだそうですが、その「ペリー幼児教育計画」における質の高い教育で注目されているのが、非認知的スキルなのです。

　では、本書のテーマであるスポーツ、かけっこと、こうした非認知的スキルとの関係はどのようなものでしょうか？

　もちろん大いに関係があります。

なぜなら、運動をするとき、どうしたって脳が動くからです。でも単に動けばいい、運動をすればいいということではありません。ここではヒトの脳、すなわち大脳皮質を意図的に使うように仕向ける必要があります。

　高度な脳機能を使わせる、ということですね。

　ただし、難しく考えないでください。ちょっだけ工夫すればいいんです。

　たとえば単に「速く走ろうね」というより、「チーターみたいに速く走ってね」とイメージを与えます。すると子どもたちはその気になります。そのとき彼らの大脳皮質は、チー

ターというイメージを作り、それに向かって自分の動きをコントロールします。

　運動する前にその運動のイメージを与え、運動が終わったら、ふり返りをします。そのたびに子どもたちの脳は、自分の動きについてイメージをしたり、ふり返りをしたりします。「次はもっと頑張ろう」「こんな風にやってみよう」「違う工夫をしてみよう」というように自分から考えるようになります。これが非認知的スキルを育むのです。もちろん、こうしたやりとりはコミュニケーションの練習にもなりますし、そうしたイメージを持つと、自分の気持ちをコントロールできるようになります。

　そうしたときに、言葉を使ったり絵や文字を使ったり、最近だとタブレットを使って簡単に写真や映像を見せたりするといいですね。すると、彼らの頭の中にあるイメージ、考えはどんどん発展していきます。

　運動を通して高度な脳の発達を促し、将来の幸せにつながる非認知的スキルを育ててあげましょう。

運動の前にイメージを与えてあげることで、子どもはイメージに向かって体をコントロールしようとします。すると脳を刺激しながら運動できるため、効果が高まります。

本書の使い方

P20の1章からは運動感覚を伸ばす基本的なトレーニングを、P38の2章からはかけっこが速くなるためのトレーニングを紹介しています。ひとつひとつのトレーニングは短時間で終了するので、1章から2章までのすべてのトレーニングを通して行うのが理想的です。週に2～3回、やりたい人は毎日行ってもOKです。忘れてはいけないのが、子ども自身が「やりたい！」と思って取り組むことです。そのため、「やりたい！」と思うトレーニングだけを選んで行ってもかまいません。

トレーニングの
重要な動きや、やってはいけないことの説明です。

トレーニングの**名前**です。

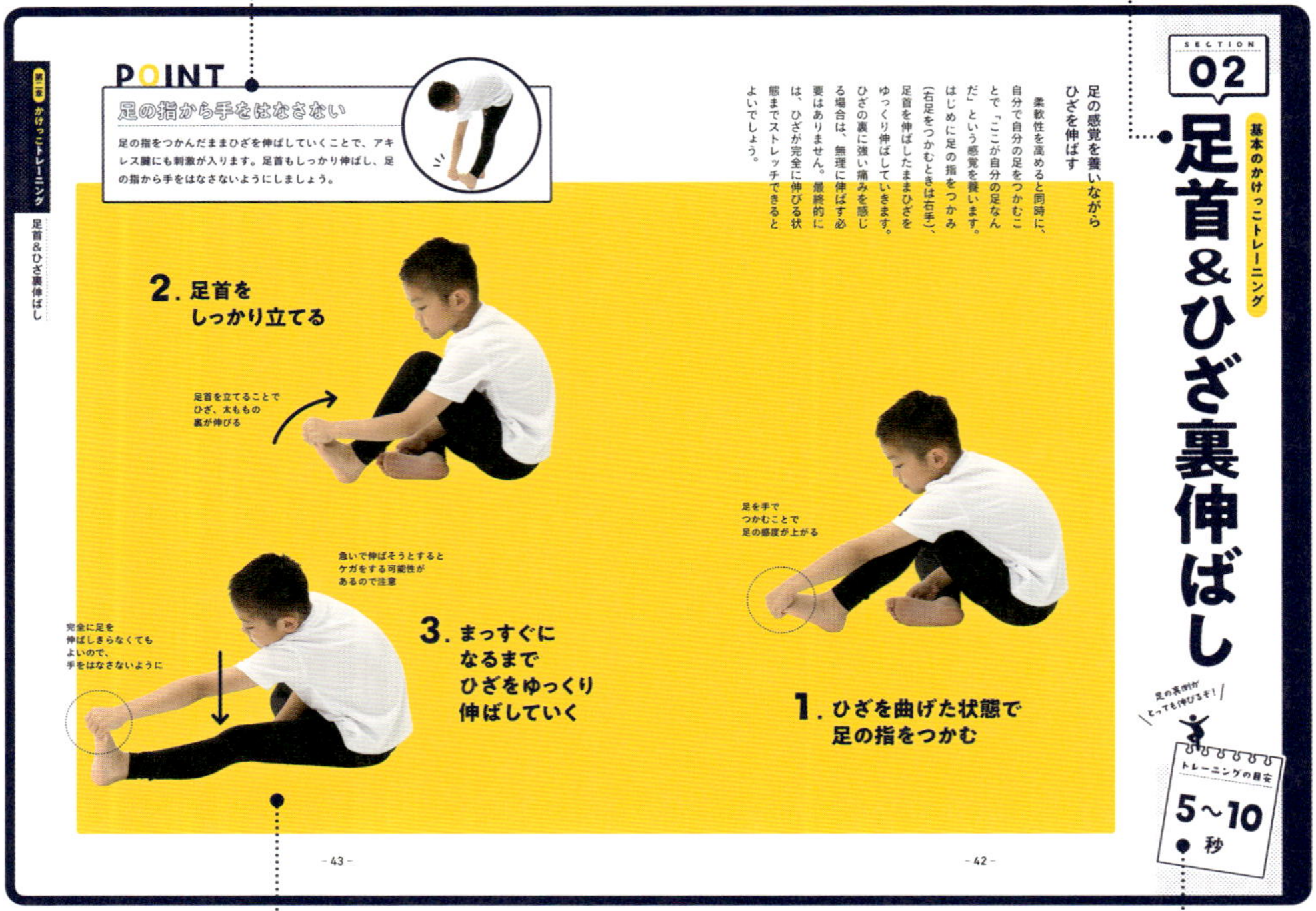

トレーニングの動きを
2ステップ～5ステップで解説しています。
「1」から順番に行ってください。

トレーニングの**回数や秒数**などの目安です。

動画はここから！
1章

動画はここから！
2章

動画の見方

本書で紹介するトレーニングを動画で確認することができます。章の始まりのページ（1章P19/2章P37）にあるQRコードを、スマートフォンやタブレットのQRコード読み取りアプリで読み取ってください。東洋館出版社のYouTubeチャンネルで閲覧することができます。

第1章

走るための感覚を育む

かけっこの前段階として、基本的な運動感覚を伸ばす運動を紹介します。

運動感覚を伸ばす4要素 …… 20
まずは効果を実感！　バイバイ→ダッシュ …… 22
イメージがあると動きが変わる …… 24
SECTION 1　お魚体操 …… 26
SECTION 2　カエル体操 …… 27
SECTION 3　トカゲ体操 …… 28
SECTION 4　ライオン体操 …… 29
SECTION 5　全身グーパー …… 30
SECTION 6　脚クルクル→ダッシュ …… 32
改めて効果を実感！　ゆする→ふる→通す→回す …… 34
COLUMN ❶　かけっこトレーニング体験記 …… 36

第1章の動画はここから！

運動感覚を伸ばす4要素

動きの質を高める4つのキーワード

動きの質を高めるための動作感覚を、4つのキーワードに置き換えました。

❶**ゆする**…全身を解きほぐす
❷**ふる**……遠心力の感覚を覚える
❸**通す**……意識を行き渡らせる
❹**回す**……球状の関節を動かす

この4つの動きが連動するだけで走り方がとてもスムーズになります。さらに、これらひとつひとつの要素の質を高め、連動させることで、かけっこだけでなく、あらゆる運動能力を伸ばす効果があると考えられます。

「ゆする」は、緊張をほぐしたいときなどに自然と出る動きです。陸上選手が、スタート前に、体をゆすって準備している様子をよく見ますね。

「ふる」は、遠心力を使う動きです。例えば、投手の調子がいいときなど、「今日は、よく腕が〝ふれて〟ますね～」といいます。

「通す」は、貫通していくイメージ。「姿勢がいい選手は、まるで背骨に芯が通っているかのよう……」の〝通す〟ですね。

最後に「回す」。そもそも人体の動きは、円運動をする構造です。その動作を連続的に行うときに、「回す」という表現になります。快走できたときの実感として、「よく足が回っていたなぁ！」と感じます。

「ゆする」「ふる」「通す」「回す」の4つの動作感覚を幼いうちに覚えることによって、かけっこはもちろん、将来的には、あらゆるスポーツのスキルアップに必要な自分の体の動きを正確に感じ取る力が育ちます。

01

ゆする

よけいな力が入らないよう、全身を脱力させます。体のパーツをバラバラにするイメージを持ち、全身をゆすって緊張を解きほぐしましょう。

ふる

腕や足、腰などを大きくふるためには遠心力を使うことが大切です。遠心力とは、回転の中心から外に向かって働く力のこと。この動きを体で覚えます。

02

03

通す

姿勢をよくするには、全身に意識を行き渡らせることが重要です。また、手をふるときも、指先までしっかりと意識を通さなければいけません。全身に空気を通すイメージで呼吸することで、手の指先から足の指先まで意識が通ります。

回す

股関節は、大腿骨のボールと骨盤のソケットが組み合わさってできており、この構造を「ボール＆ソケット」といいます。これは肩関節も同じで、その周囲を取り巻いている筋肉を上手に使って回転運動ができるようになれば、立体的な動きができるようになります。

04

まずは効果を実感！

簡単な動きで効果が出ることを実感する

バイバイ↓ダッシュ

4つの動きを試してみよう

ゆする、ふる、通す、回す――、簡単な4つの動きを実際にやってみて効果を実感しましょう。ただ漠然と走り出すよりも、これら4つの動きを取り入れてから走った方がスムーズな動き出しを実感でき、タイムも速くなるはずです。かけっこに必要な体の動きを効率よく呼び起こすスイッチだと思ってください。どれも簡単な動きばかりで、小さな子どもからできるエクササイズです。

1. 手のひらを下に向けて手をふる

体はまっすぐに
芯を通す
ひじは折り曲げず、
手首から先をふる
足は肩幅か、
もしくは
少し広めに開く

勢いよく遠心力を
感じてバイバイ
ひじを曲げて
大きくバイバイ
するようにふる

2. 手のひらを前に向けて手をふる

POINT

大きくしっかりバイバイ

ひとつひとつの動きを丁寧に、なおかつ大きく体を動かしましょう。ただし、動きが大きくなりすぎるのも注意。夢中になりすぎて体がふらつくほど強く腕をふる必要はありません。4つの要素を意識させてあげながら、保護者が調整してください。

3. 手のひらを体に向けて左右交互に腕全体をふる

2のバイバイの
勢いをゆるめずに
大きくふる
肩から腕を
動かしてふる
腕のふりに
合わせて
体を少し前後に
ゆする

4. 鼻から息を吸い、口から吐いて深呼吸。「ヨーイ」の合図でかまえ、「ドン!」でダッシュする

イメージがあると動きが変わる

子どもはモノマネが得意

みなさんが子どもの頃、クラスに一人くらいこんな子がいなかったでしょうか。

●ジャイアンツの選手のモノマネを一番打者から9番打者までできる子。

●アイドル歌手のふり付けを完璧に再現できる子。

いかがでしょうか。みなさんも、テレビを見ながらモノマネをしたことが一度くらいはあるはずです。

実は、具体的にイメージすることによって、動きそのものが豊かになる傾向があります。その理由は、神経細胞「ミラーニューロン」の働きがあるから。ミラーニューロンとは、鏡に映る自分を見ているかのように、他人の動きに反応する神経細胞のことをいいます。頭にイメージを思い浮かべることでひとつひとつの動きが鮮明になり、より豊かさが表れてくるのです。

たとえば、猫背の子どもに「姿勢をよくしなさい」といっても、なかなか正しい姿勢が取れないでしょう。そこで、こんな声がけをします。

「体に一本の串を通してみよう」

すると、子どもはすぐに背筋を伸ばし、正しい姿勢を保てるようになります。

何より、子どもはモノマネが大好きです。空手や剣道などの武道も同じ。武道には「見取り稽古」という言葉があり、古来より他人の技を目で見て学ぶことが大事にされてきました。イメージで脳に刺激を与えることは、動きを習得するうえでとても大切なのです。

動物体操で
運動の基本を身につける

幼児クラスで鬼ごっこをしてみる

と、ときどき子ども同士がぶつかってしまうことがあります。

周りが見えていなかったり、お互いの距離感がつかめていなかったり、あるいは身のこなしが未熟でうまく相手をよけられないというのがその理由です。

そんなときに、子どもたちに「さあ、お魚になりきって自由に動き回るよ！」と声をかけると、子どもたちは上手によけはじめます。これは、お魚をイメージしているうちに背骨を上手にコントロールできるようになるからです。

この本では、お魚、カエル、トカゲ、ライオンの動きを紹介しています。これらの動きは、走るときに使う体のあらゆる機能を網羅しています。はじめは細かい動きを気にする必要はありません。親子で一緒にモノマネを楽しんでください。

01
お魚
（背骨）
魚はゆらゆらと水中を泳ぎながら、敵が来るとすばやく動きます。リラックスした状態だと、力がグッと入ります。魚のユラユラした自然な状態をイメージしましょう。
02
カエル
（骨盤・股関節）
カエルのジャンプをイメージしてください。体に芯が通って軸がぶれず、力を上手に地面に伝える様子からバネの感覚をイメージします。
03
トカゲ
（肩甲骨・股関節）
トカゲは歩くときに、体をくねらせ前足と後ろ足を同時に動かします。この動きから体の連動性をイメージします。
04
ライオン
（体幹・四肢）
ライオンが獲物に飛びかかる様子をイメージしてください。力強く力を入れ続ける様子から、瞬発力と持久力をイメージします。

SECTION 01

動物の動きを取り入れて効果アップ

お魚体操

魚になりきって全身をゆらす

背骨をたくみに使って泳ぐ魚をイメージしながら手をふる運動です。リラックスした状態を作るために、体操の前に右手から左手、両手をブラブラさせます。同じイメージで、肩、足、太もも、腰もブラブラ。リラックスしたまま、全身を大きくふります。リラックスした状態で体操スタート。両手を合わせて、魚が泳いでいる様子をイメージしながら全身をゆらしましょう。

イメージしよう

手を合わせて
魚の頭をイメージ
両手は胸の前

1. 魚になったつもりで手を合わせ小さくゆらしていく

両手を前に出す
徐々に体もゆらしていく

2. 手から足、腰、全身へと少しずつ大きくユラユラとゆらす

お魚みたいにゆらゆらしよう

トレーニングの目安

各10秒

SECTION 02

カエル体操

動物の動きを取り入れて効果アップ

カエルになりきってジャンプ

カエルがエサに向かってジャンプする姿をイメージしてください。はじめに手のひらを床につけ、ひざを曲げて足を小さくたたみます。このとき、しっかり腰を落とすのがポイント。背筋を伸ばし、腰が入った状態から思い切りジャンプします。空中では、ひざを曲げて足を小さくたたみます。太ももの曲げ伸ばしを行うことで、股関節の可動域を広げる効果があります。

イメージしよう

腰をしっかりと落とす

1. 両手を床につけて足を小さくたたむ

2. 斜め前方に向かって思い切りジャンプ

カエルみたいにピョーンとジャンプ！
トレーニングの目安
5～7回

SECTION

03

動物の動きを取り入れて効果アップ

トカゲ体操

トカゲのように
肩甲骨と股関節を回す

トカゲの動きを真似します。うつぶせになって上体を起こし、お腹を床につけたまま、手足を交互に動かしながら前進します。足の親指の内側で床を引っかけるのがコツ。股関節を回す意識を持ち、四肢を連携させましょう。実は、この動きができないという子どもはあまりいません。なぜなら、みんな赤ちゃんのときにハイハイで経験しているからです。

イメージしよう

1. うつぶせになって上体を起こす

前に出した手と
逆の足を前に出す

親指の付け根で
床を蹴る

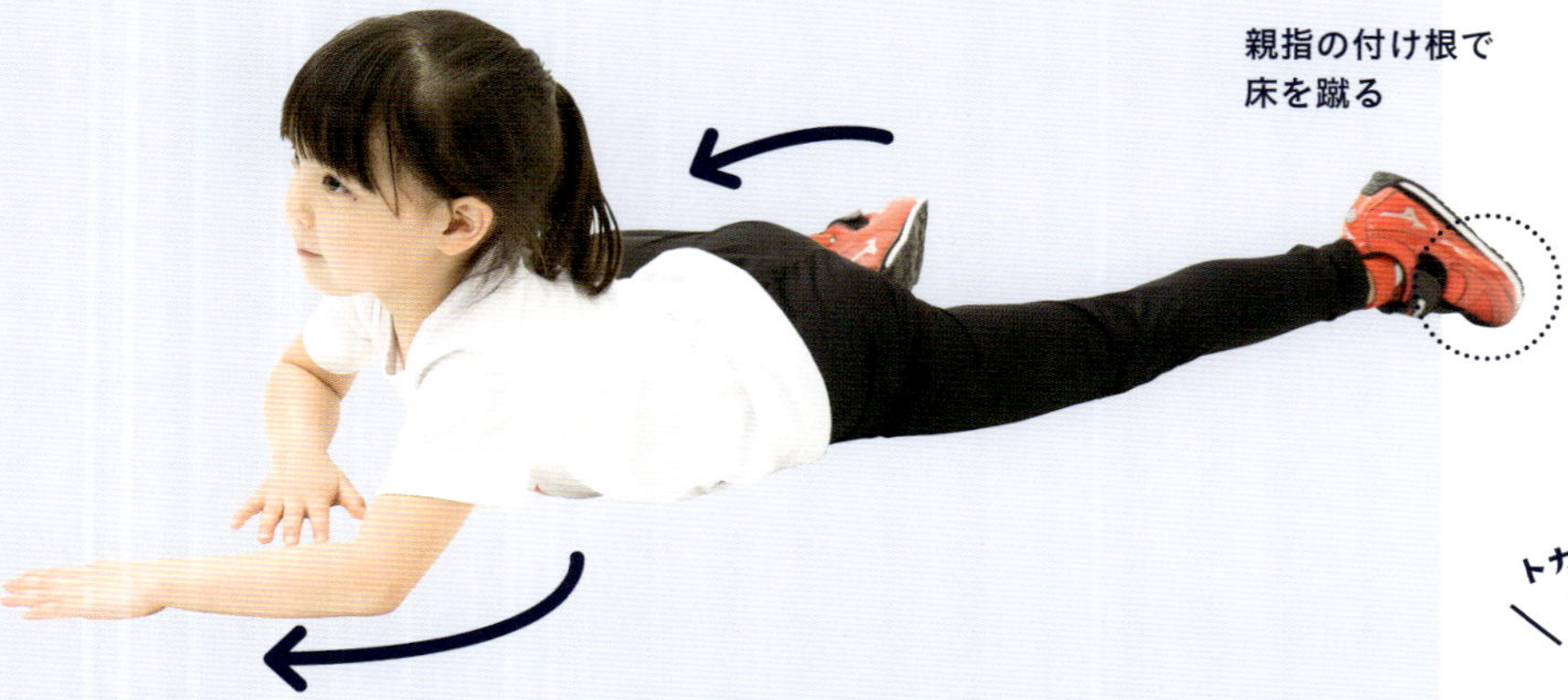

2. 手と足を交互に出しながら進んでいく

トカゲの歩き方を見てみよう！

トレーニングの目安
5〜7m × 2往復

SECTION 04

動物の動きを取り入れて効果アップ

ライオン体操

ライオンの力強さをイメージ

獲物に襲いかかるライオンをイメージします。両手を床につき、腰を上げます。ひざは床につけません。手足の支持力を意識するのがポイント。頭を上げて顔を正面に向け、手足を速く動かして前進します。2人以上いるときは、追いかけるライオン役と、逃げるシマウマ役を決めてもいいでしょう。動物が持つ本能にスイッチが入ります。親子でやれば、楽しさも倍増します。

イメージしよう

背筋をまっすぐ

1. 両手を床につき、左手と右足を前に出す

目線は
対象物に向ける
ひざは床に
つけない

2. 手と足を交互に出しながらできるだけ速く前進する

獲物をつかまえるつもりでガオー！

トレーニングの目安
5〜7m × 2往復

SECTION 05

全身の使い方を覚える

全身グーパー

全身運動で瞬発力を伸ばす

両手をグーにして体を小さくし、次に両手、両足を大きく広げて全身でパーを作ります。グーとパーの動きを繰り返し、小さい動き（グー）と大きい動き（パー）のコントラストを全身で表現します。保護者の人と向かい合って、大人のスピードに負けないように動きます。相手よりも速く動くことを意識することで、より瞬発力を養うことができます。

背筋を
まっすぐ伸ばす

1. 基本姿勢。
正面を向いてまっすぐ立つ

グーと小さく、
パーと大きく
動こう！
トレーニングの目安
10回

POINT

指先まで力を入れる

パーのときは指先まで力を入れ、関節という関節を伸ばすつもりで手を大きく広げます。グーのときはできるだけ体を小さくします。すばやく体を動かしましょう。

ひじやひざを
まっすぐ伸ばす

3. 手をパーにして
全身で大きく伸び上がる

背中を丸める

腕を体に
できるだけ
くっつける

2. ひざを曲げて腰を落とす。
手をグーにする

SECTION 06

全身の使い方を覚える

脚クルクル↓ダッシュ

足を回転させる感覚を養い、スピードを上げる

椅子に浅めに座って手で体を支え、足の指で保護者の手をしっかりつかみます。保護者は下から手を差し出して、子どもの基節骨（きせつこつ→P41）を握ります。そのまま保護者のリードで、自転車を漕ぐように足を回転。慣れてきたら、徐々に回転のスピードを上げましょう。これ以上速くできないというところで椅子から降り、そのまま前方にダッシュします。

1. 椅子に座って保護者の指を足でしっかりつかむ

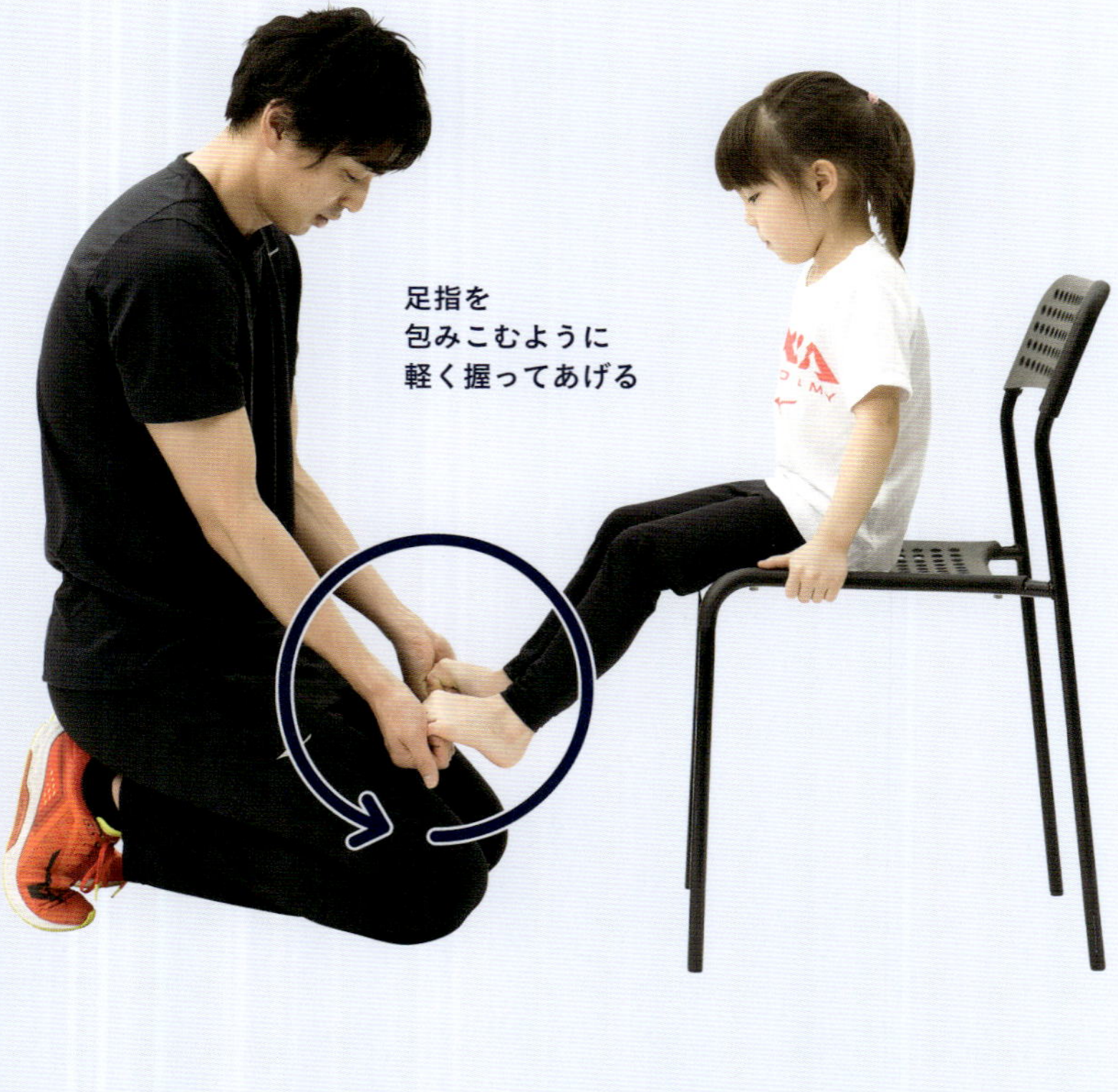

足指を包みこむように軽く握ってあげる

どれだけ速くクルクルできるか挑戦だ！

トレーニングの目安
10〜15秒

POINT

足首を立てる

足首を伸ばした状態で行うと、ふくらはぎの筋肉がけいれんすることがあります。足首をしっかり立てた状態で、保護者の手をつかむようにします。

2. 自転車を漕ぐように足を回転させる

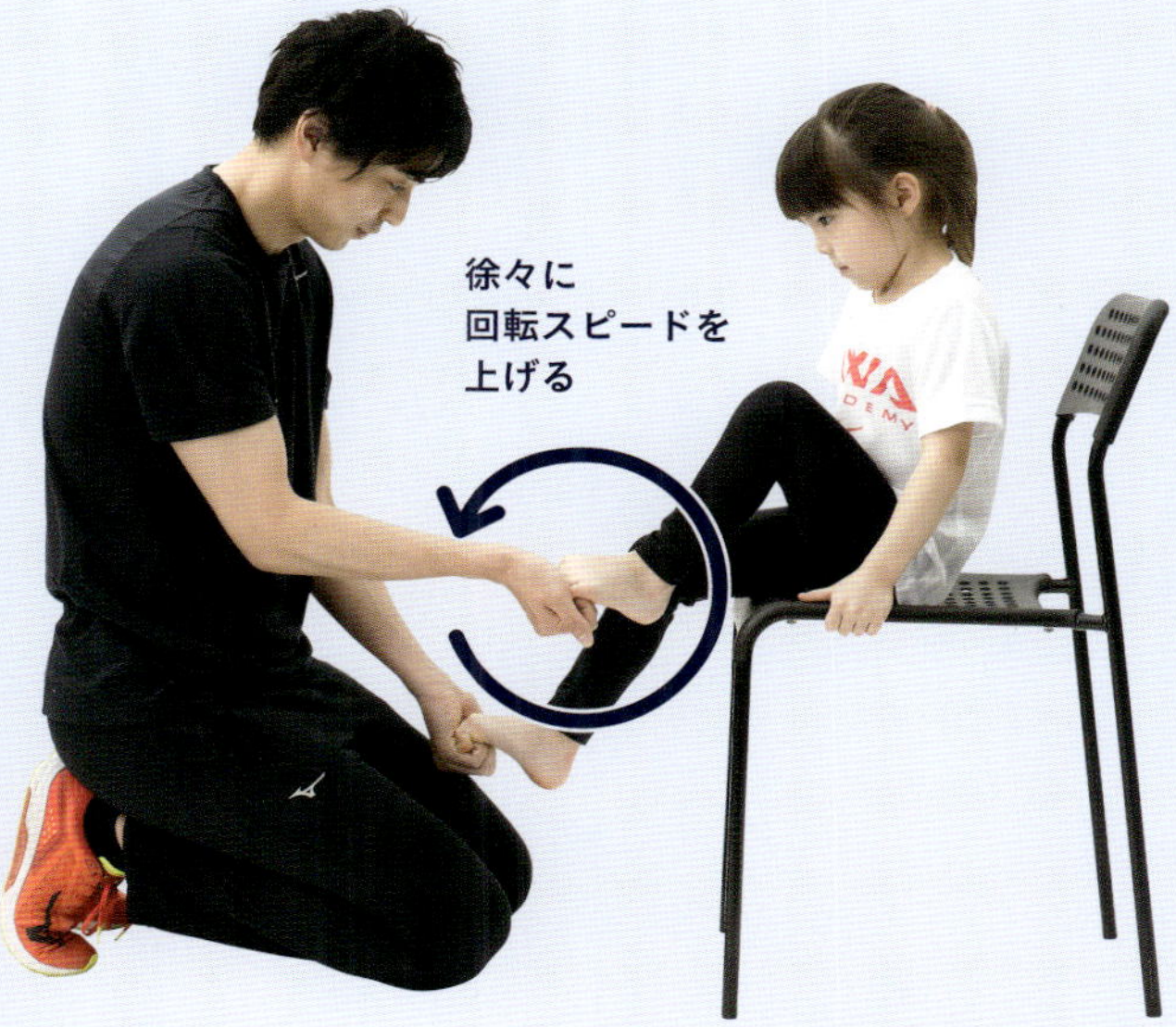
徐々に
回転スピードを
上げる

回転スピードが
MAXになったらダッシュ

3. 椅子から降りて、前方に向かってダッシュ

改めて効果を実感！

体の使い方をつかんで効果を再確認

ゆする↓ふる↓通す↓回す（ダッシュ）

4つの動きを連続して行う

おさらいの意味も含めて、これまでの動きを連続して行います。①はじめに魚をイメージしながら全身をゆすります（ゆする）。②次にバイバイをするように、手をブラブラとふります（ふる）。③背筋を伸ばしてまっすぐ立ち、鼻から息を吸って口から吐いて呼吸を通します（通す）。④最後は、そのまま前方に向かって思い切りダッシュします（回す）。

全身をリラックスさせてユラユラ

1. 全身を大きく“ゆする”。魚のイメージ

P22-23のイメージで手、腕、肩の順番にふる

2. バイバイをしながら手を“ふる”

POINT

順番通りに行う

ゆする→ふる→通す→回すを順番通りに行うのがポイントです。全身をリラックスさせて、バイバイで遠心力を感じ、体の軸を作ってダッシュします。最初に比べてダッシュのスピードが上がっているはずです。効果を実感しましょう。

3. 背筋を伸ばしてまっすぐ立って呼吸を“通す”

4. 前方に向かって思い切りダッシュ（“回す”）する

COLUMN ❶

かけっこトレーニング体験記

作田太一君

中学校3年生

Q. かけっこトレーニングはどう生かされていますか？

僕は、フラッグフットボールというスポーツをやっています。かけっこトレーニングで教わった「ゆする」や「通す」などの動作感覚を意識して練習したことで、力を抜くことや、ぶつかったときにバランスを崩さないことなど、実戦での体の使い方が上手くなったと思います。全国大会で優勝することもできました！

作田隼人君

小学校6年生

Q. かけっこトレーニングでうれしかったことは？

小学校5年生のときの運動会で、リレーのときに20メートル以上の差から追い抜くことができて、それがすごく嬉しかったです。足の回転数が上がっていることを実感しました。最初はできないことが多くてキツかったけど、今ではできることが多くなって自信につながりました。スポーツが本当に楽しくなりました。

藤井麻里さん

双子のお母さん

元気にかけっこをする咲太朗くんとうららちゃん（小学2年生）。

Q. かけっこトレーニングをはじめてお子さんの様子はどうですか？

いろいろなスポーツに通じる動きを、子どもたちが好きなように選んで運動しています。「運動＝楽しい！」という経験ができていると子どもたちの表情からも伝わります。最初の頃は、動きがたどたどしかったのですが、動きに躍動感が出てきて、かけっこも速くなりました。子どもが将来スポーツをやりたいとなったときに選択肢を与えてあげられることは嬉しいです。この子たちが、大人になっても運動が好きで、健康に成長してくれたらと思います。

第2章

かけっこトレーニング

かけっこが速くなるトレーニングやスキルを紹介します。

かけっこトレーニングのポイント……38
SECTION 1 足指ニギニギ＆足しぼり＆足動かし……40
SECTION 2 足首＆ひざ裏伸ばし……42
SECTION 3 ブリッジ……44
SECTION 4 全身ゆすり……46
SECTION 5 呼吸通し……48
SECTION 6 肩甲骨クルクル5ワーク……50
SECTION 7 胸シャッフル……52
SECTION 8 手バイバイシャッフル……54
SECTION 9 腕ふり全身シャッフル……56
SECTION 10 水バシャバシャ……58
SECTION 11 クロススタート……60
SECTION 12 コーナリングストレッチ……62
SECTION 13 肩甲骨さすり……64
SECTION 14 背骨トントン……66
SECTION 15 肋骨呼吸……67
SECTION 16 おへそ呼吸……68
SECTION 17 しっぽゆらし……69
SECTION 18 足指ニギニギ……70
SECTION 19 股関節クルクル……71
COLUMN ❷ 運動会・体力測定前の集中プログラム……72

第2章の動画はここから!

かけっこトレーニングのポイント

楽しく運動感覚を実感させる

改めてかけっこトレーニングのポイントを確認しましょう。かけっこトレーニングをする前に、まずは子どもの安全を確保してください。そして、周りに障害物はないか、子どもの体調はよいか、イライラしていないかなどに気を配りましょう。疲れた状態で運動をしても効果はあまりなく、かえってケガをする怖れがあります。運動の回数や負荷も、子どもの状態を見ながら調整してあげましょう。無理をする必要はありません。

また、正確な動きをすることも大切ですが、それよりも子どもたちの「気持ちよさ」「心地よさ」「楽しさ」を優先してあげてください。動くことを楽しみ、「ゆする」「ふる」「通す」「回す」という運動感覚を実感させてあげることが重要です。できない運動を無理にやらせるのではなく、好きな運動を積極的にやらせてあげましょう。

手もとにスマートフォンがあれば、子どもが運動している様子を動画で撮影してあげるのもひとつの方法です。それを見せながら「上手にできているね」「前よりも動きが大きくなったね」と褒めてあげると、子どもは体を動かすことがどんどん好きになっていくはずです。

かけっこトレーニングの3つのポイント

ポイント❶

「気持ちいい」、「楽しい」を重視する

「気持ちいい」「楽しい」を感じて、興奮することにより脳全体が活性化します。その状態を維持しながら運動をすると、練習の成果が現れやすくなりますし、生涯に渡ってスポーツを楽しめるようになります。このポイントを守るためには、支援者（教える人）自身が、明るく楽しんでやることが大切です。子どもが思い通りにできなくても叱責してはいけません。よいところを見つけて褒めたり、もっとよいイメージを与えるようにしたりします。

ポイント❷

正しい記憶を作る

前述の解説の通り、「動き＝記憶」です。体で覚える記憶を非陳述記憶といい、自転車の乗り方を一度覚えたら忘れないように、長期保存されるのが特徴です。幼児期は運動を司る脳の部位がとても活発に発達する時期ですので、正しい動きを体で覚える大チャンス。正しい動きとは、子どもにとって、“快”な動きです。そういった意味でとても有効な例が、「脚クルクル→ダッシュ（→ P32）」です。大人が子どもの足をクルクル回して、正しい足の動きを誘導してあげます。すると、子どもは自分の足を気持ちよく回す感覚を覚えつつ快走できるため、「走る＝快」として、記憶に保存することができます。足が回ることを覚えると、子どもは楽しくなってどんどん自ら走り出します。

ポイント❸

運動イメージを持って動く

子どもの脳は、運動野の発達と同時に視覚野の発達も著しい時期です。「視る→動く」をたくさん繰り返して成長していくのです。別のいい方をすると、まねっこが大好きな時期ともいえるでしょう。そのため、ただ走るよりも「お腹の空いたライオンになって、シマウマさんを追いかけるよー！」とイメージを持たせたほうが、勢いよく走ることができます。トレーニングの際には、スマートフォンやタブレットで動物の動きやトップアスリートの走りを見たり、自分の走りを撮影してチェックしたりしてみましょう。イメージによって運動に興味を持ち、意欲的に取り組むことができます。運動のイメージを有効的に活用して、動く楽しさを育みましょう。

SECTION 01

基本のかけっこトレーニング

足指ニギニギ&足しぼり&足動かし

普段はあまり気にしないところだけど大切!

トレーニングの目安
各10秒

52個の骨をフル活用

人間の足には片側で26個の骨があります。両足で52個。全身の骨が約200個ですから、足の骨がいかに大切かがわかるでしょう。その骨をバラバラにするつもりで動かしてください。特に指の根元にある基節骨(きせつこつ)から中足骨にかけてが、走るときに重要になります。また、足の裏には神経が集中しており、ここを刺激することで脳にも好影響を及ぼします。

手で足の指を握り、指1本1本を感じる

1. 足の指の一番根元にある骨を握る

POINT

基節骨を意識して握る

足の指の一番根元にある骨を基節骨といいます。保護者が子どもの足を握るときは、そこをしっかり意識しながら触るようにします。

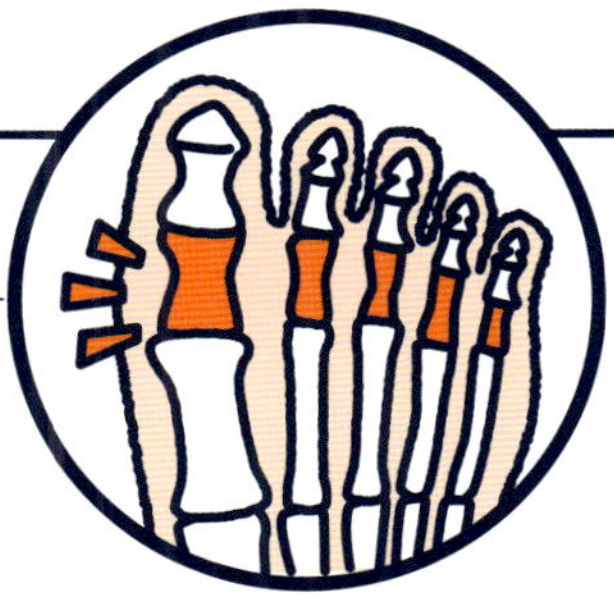

2. 足の根元をぞうきんのようにギューッと絞る

しっかりと
足の裏をほぐす

座って
行ってもOK

3. 骨をバラバラにするつもりで足を大きく動かす

波打たせるように
指1本1本を
しっかり動かす

SECTION
02

基本のかけっこトレーニング

足首&ひざ裏伸ばし

足の裏側が とっても伸びるぞ！

トレーニングの目安
5～10秒

足の感覚を養いながらひざを伸ばす

柔軟性を高めると同時に、自分で自分の足をつかむことで「ここが自分の足なんだ」という感覚を養います。はじめに足の指をつかみ(右足をつかむときは右手)、足首を伸ばしたままひざをゆっくり伸ばしていきます。ひざの裏に強い痛みを感じる場合は、無理に伸ばす必要はありません。最終的には、ひざが完全に伸びる状態までストレッチできるとよいでしょう。

足を手で
つかむことで
足の感度が上がる

1. ひざを曲げた状態で足の指をつかむ

POINT

足の指から手をはなさない

足の指をつかんだままひざを伸ばしていくことで、アキレス腱にも刺激が入ります。足首もしっかり伸ばし、足の指から手をはなさないようにしましょう。

2. 足首をしっかり立てる

足首を立てることで
ひざ、太ももの
裏が伸びる

3. まっすぐになるまでひざをゆっくり伸ばしていく

急いで伸ばそうとすると
ケガをする可能性が
あるので注意
完全に足を
伸ばしきらなくても
よいので、
手をはなさないように

SECTION
03
基本のかけっこトレーニング
ブリッジ

体の軸「背骨」の伸展性を高める

ブリッジ（橋）という名の通り、背骨をしならせて大きな橋をかけます。全身の伸展力を高め、背骨を使う感覚を養う効果があります。はじめに仰向けになり、耳の横に手を置いて足で地面をつかまえます。そのままの状態から、かかとが浮かないようにして上体を起こしていきます。腕はしっかり伸ばしましょう。胸を張って顔を正面に向け、大きな橋を作ります。

1. 仰向けになって耳の横に手を置く

手のひら全体をしっかりと床につける

2. ひざを曲げて足をお尻に近づける

お尻と足の距離が遠いと体を持ち上げにくいので、しっかりお尻に近づける

体のやわらかさを見せつけてやれ！

トレーニングの目安
10～30秒

POINT

腕をしっかり伸ばす

NG

ひじが曲がってしまうと、体を支えることができずブリッジが安定しません。背骨をしならせて胸を張り、腕をしっかり伸ばします。

3. 腰を上げて胸を張り、目線を正面に向ける

おへそを
天井にくっつけるつもりで
体を持ち上げる
目線は正面に

SECTION 04

基本のかけっこトレーニング

全身ゆすり

全身の骨をバラバラにするつもりで

イメージしてください。水が入った袋（筋肉）の中に骨が浮いていて、それをじゃぶじゃぶとゆすっている様子を。同様に、全身にある約200個の骨をバラバラにするイメージで、体をゆすります。そうすることで自らリラックスした状態を作っておき、スイッチを入れたときにすばやく集中できるようにしておきます。手、足、肩と、全身をくまなくゆすっていきましょう。

リラックス
した状態で
腕だけでなく、
足も動かす

1. 全身を軽くゆすって腕や足をパーツごとに動かす

全身くまなく
ブラブラしよう

トレーニングの目安

各
5～10秒

POINT

パーツを感じ取る

回数よりも丁寧に体をゆすることがポイントです。骨のひとつひとつ、体のパーツのひとつひとつを感じ取りながらゆすってください。

全身を連動させて
大きく動かす

2. 肩を上下左右に動かす そのとき足も一緒に

力を抜いて、
ジャンプしたときに
腕がぶらぶら
するように

3. 軽くジャンプするように 縦にも体を動かす

SECTION
05

基本のかけっこトレーニング

呼吸通し

呼吸で体に芯を通す

手を肋骨の上に置き、胸をいっぱいに広げて深呼吸します。空気の流れと一緒に体に芯が通る感覚を持ちましょう。上から見たときに、肋骨に包まれた風船を360度すべての方向に向かってふくらませるイメージです。鼻から息を吸い、意識を背骨に通しながら、口から吐いて手を下ろしていきます。指先からつま先まで、全身に空気を通してください。

吸うときは
鼻から
背骨に
意識を通す
手で胸に
空気が入って
いるのを感じる

1. 肋骨に手を置いて鼻から息を吸う

手で空気が入ってくる感覚を感じよう

トレーニングの目安

5回

POINT

背筋をまっすぐに

息を吐くときに、「フーッ！」と力まないように気をつけましょう。だからといって全身を脱力して猫背にならないように、あくまで体に芯を通しておくことが重要です。

NG

吐くときは
口から
腕を下ろして
呼吸と動きを
連動させる

2. 口から息を吐きながら手を下ろす

SECTION 06

基本のかけっこトレーニング

肩甲骨クルクル5ワーク

（4つの水泳の動き＋マエケン体操）

空中で泳ぐんだ！

トレーニングの目安

各10回

肩甲骨が「回る」ことを知る

水泳の動きをするときは、そろえた指の先端を折り曲げた状態で行います。そうすることで、手の遊びがなくなり、動きが整います。体の軸をしっかりと固定し、肩甲骨をぐるぐる回してください。クロール、平泳ぎ、背泳ぎ、バタフライのあとはマエケン体操。腕を折りたたんで、肩甲骨を回転させます。「肩甲骨は回るんだ」という感覚を知ることがポイントです。

手の先端を
少し折り曲げる
肩甲骨が
縦前方向に回る

1. 腕を交互に回して クロールの動き

肩甲骨が
横方向に回る

2. 前方の水をかく イメージで 平泳ぎの動き

3. 腕を後ろ向きに回して背泳ぎの動き

肩甲骨が
縦後ろ方向に
回る

4. 大きく肩を動かしてバタフライの動き

左右両方の
肩甲骨が回る

5. 最後はひじをぐるぐる回してマエケン体操※

だんだんと
速くしていき、
高速で
肩甲骨を回す

※マエケン体操→サークルスクラッチという運動（手塚一志氏 考案）。

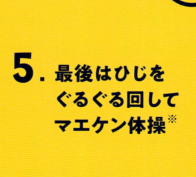

SECTION

07

基本のかけっこトレーニング

胸シャッフル

胸骨に刺激を与えて安定感を作る

意外と知られていませんが、正しい姿勢を保つうえで胸骨はとても重要な役割を担っています。鎖骨ともつながっており、手は胸骨から始まっているといっても過言ではありません。腕を大きくふっても安定した姿勢で走れるのは、この胸骨のおかげです。手を体の前でクロスさせ、「イヤイヤ」をするように横にふりましょう。小刻みにふるのが、胸骨にうまく刺激を与えるコツです。

肩に
手をつける
背筋を
まっすぐ

1. 胸の前で手をクロスさせる

まっすぐ立つのがポイントだよ
トレーニングの目安
10秒

POINT

軽くたたいて胸骨を確認する

胸の真ん中を軽くトントンとたたいて、胸骨の位置を確認しましょう。とても硬い骨であることがわかります。そこを意識しながら体を横にふってください。

小さく小刻みに
左右に動かす

3. 反対側にも上体を動かし、左右交互にくりかえす

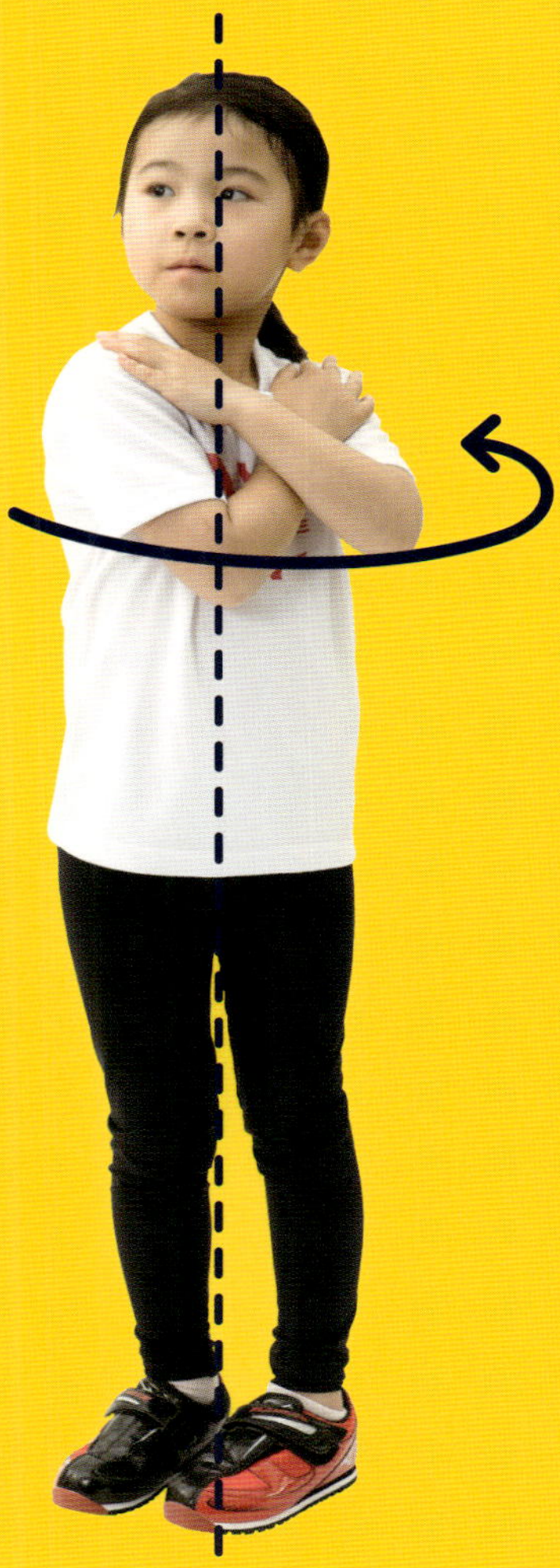
体の軸が
ぶれないように

2. 上体を左右に回して胸骨をゆらす

SECTION 08

基本のかけっこトレーニング

手バイバイシャッフル

遠心力を上手につかえるようになる

両手の間隔を広げてバイバイの動きをし、遠心力を使って腕をふります。この運動をすることで振動が手から肩のインナーマッスルへと伝わっていき、あらゆる運動のベースになります。走っているときの肩も安定するので、姿勢がぐらつくのを防いでくれるでしょう。コーナーの走りも安定します。このバイバイが力強くふれるようになると、走るのがぐっと速くなります。

背筋をまっすぐ
ひじを伸ばすと腕に遠心力を感じる
バイバイするようにできるだけ速くふる

1. ひじを伸ばして、胸よりも低い位置でふる

バイバイするだけで効果があるんだ!

トレーニングの目安

各 5 秒

POINT

指先までピンッと伸ばす

指が丸まっているより指を伸ばしたほうが、遠心力がかかるため、トレーニングがより効果的になります。手をめいっぱい開いて行いましょう。

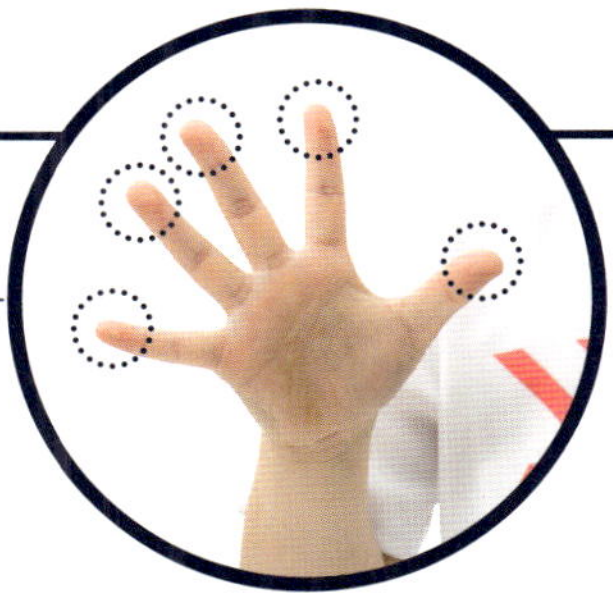

ひじを曲げると
肩に遠心力を
感じる
バイバイするように
勢いよくふる

2. ひじを曲げて、手をすばやくふる動作をつづける

SECTION 09

基本のかけっこトレーニング

腕ふり全身シャッフル

バイバイのついでに
腰もふっちゃえ♪

トレーニングの目安

各5秒

腕ふりから全身を連動させる

手、肩の動きに合わせて、骨盤をシャッフルします。手をふったときの振動が肩甲骨に伝わり、さらに背中を通って骨盤へとつながっていく感覚をつかんでください。赤ちゃんがハイハイをしている様子を見ると、背骨と骨盤を上手に使っていることがわかります。走るときも同じで、骨盤を自由に動かすことによって、効率的な足の回転を生み出すことができるのです。

背筋を
まっすぐ
勢いよく
バイバイ！
まずは腕に
遠心力と振動を
感じる

1. ひじを伸ばして、胸よりも低い位置でふる

POINT

徐々にふるスピードを上げていく

いきなり骨盤を強くふると、腹筋や横隔膜に刺激が入って、局部的に痛みが出る可能性があります。スピードは徐々に上げるようにしてください。

いきなり
NG

次に肩に
遠心力と振動を
感じる
手のひらを
正面に
ここまでは
P54の
「手バイバイ
シャッフル」
と同じ

2. ひじを曲げて、手をすばやくふる動作をつづける

足の回転を
生み出す！
手のふりと
骨盤の動きが連動し、
全身がシャッフル
される

3. 手のひらを体に向けて、交互にすばやくふる

SECTION 10

かけっこテクニックを身につける

水バシャバシャ

まっすぐ走れる安定感を身につける

3分の2くらいまで水を入れたペットボトルを両手で挟むように持ち、おへその前あたりで横にふります。はじめはペットボトルの重さを利用して大きくふってもいいでしょう。少しずつ小さいゆすりに変えていき、体の中心に力を集めていきます。「ヨーイ、ドン！」の合図でペットボトルを置いて前方にダッシュ。体の軸が安定し、まっすぐ走れるようになります。

水の量の目安

3〜5歳：半分くらい（約1ℓ）

6〜12歳：2/3くらい（約1.3ℓ）

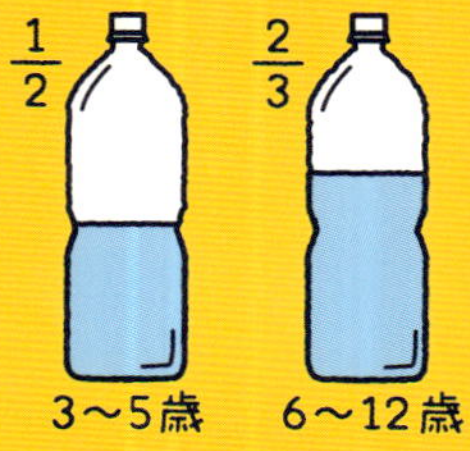

水がこぼれないように
キャップはしっかりしめておく

背筋をまっすぐ

1. ペットボトルを横にして両手で持つ

トレーニングの目安

5秒

POINT

猫背にならないように注意

ペットボトルをふっているときは、猫背にならないように注意しましょう。ペットボトルが重ければ、水の量を半分くらいまで減らしてもかまいません。

ダッシュに安定感とキレが生まれる!

ペットボトルの水が「バシャバシャ」と音がするように

まずはゆっくり大きくふる

3. なれてきたらできるだけ速くふってみよう

2. はじめのころは体の前で大きくペットボトルをふる

SECTION

11

かけっこテクニックを身につける

クロススタート

効率的なスタートを身につける

スタートの練習です。はじめに鼻から息を吸って口から吐き、呼吸を通します。「ヨーイ」の合図で片側の足を後ろに下げ、スタートのポーズを作ります。このとき、同じ側の手と足（右手と右足、または左手と左足）が一緒に前に出ないこと。右手と左足、あるいは左手と右足が対角（クロス）に出るように習慣づけてください。最後は「ドン！」の合図で前方にダッシュします。

鼻から吸って
口から吐く
背筋をまっすぐ

1. 背筋を伸ばして深呼吸をする

無意識にできる
ようになることが
大切だよ

トレーニングの目安

走り出すときに！

POINT

手と足が交互に出るように習慣化する

体を対角で使えるようになるのは、発達の過程において一番最後の段階といわれています。手と足が自然と交互に出るように、習慣化することが重要です。

NG

このスタートで3歩も差がつく!
最初に前に出していた腕を思いっきり後ろに引く
前に出した足と反対側の腕を前に出す
踏み出していたほうの足で地面を蹴る

3.「ドン!」で前方にダッシュ

2.「ヨーイ」の合図で構える

SECTION 12

かけっこテクニックを身につける

コーナリングストレッチ

トラックのコーナーをイメージ！

トレーニングの目安
各
5～10秒

コーナーの体の使い方を身につける

トラックのコーナーを回るときに、外にふくらまないようにする練習です。日常生活ではあまり使わない箇所ですが、体の側面（体側）を意識することが重要です。2人で行うときは保護者の手をしっかりつかみ、足を前後に開いて、骨盤を外側に預けます。このとき、重心が体の中心からズレていることを感じましょう。体側がしっかり伸びていることも確認してください。

はずれないように
しっかり握る
すべると
あぶないので
裸足で上に乗る

1. 保護者の手をしっかりつかんで足の上に乗る

POINT

手がほどけないようにしっかり握る

自分の親指と相手の親指を重ね合わせ、ほどけないようにしっかりと握りましょう。保護者がいなくても、つかまれる柱があればできる運動です。

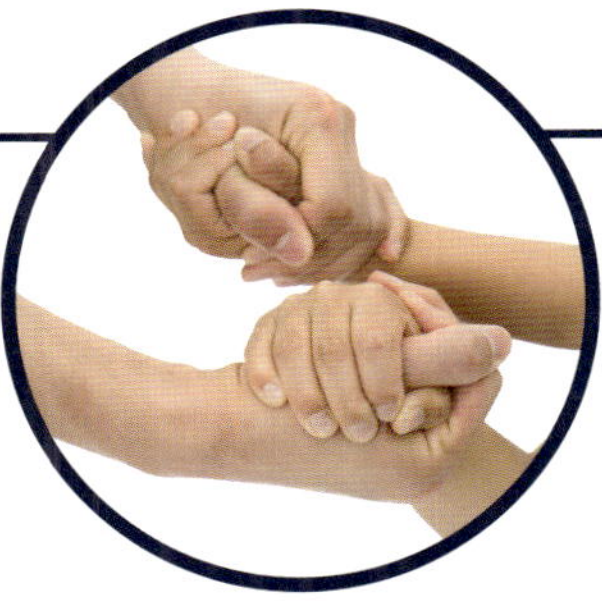

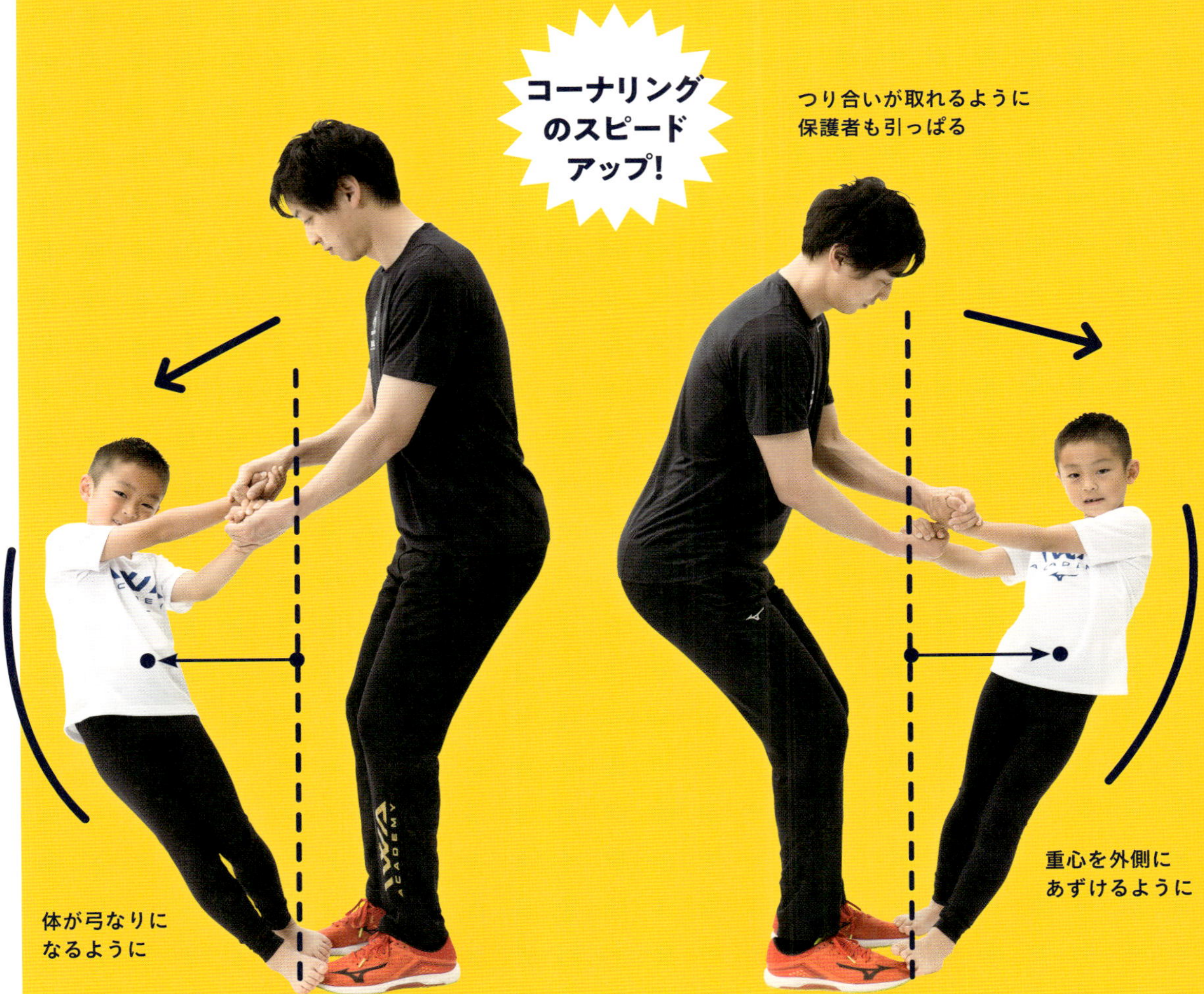
コーナリングのスピードアップ!
つり合いが取れるように保護者も引っぱる
体が弓なりになるように
重心を外側にあずけるように

3. 逆のパターンもやっておく

2. 重心が外にズレている感覚を体で覚える

SECTION 13

親子でかけっこトレーニング

肩甲骨さすり

肩甲骨の場所を感じる

肩甲骨は背中に埋まっているため、自分ではとても感じづらい骨です。そのため、保護者がさすってあげることで、自分の骨を感じ取る力を高めていきます。保護者は肩甲骨の形がよくわかるように、内側、外側、全体とまんべんなくさすってあげましょう。夜などのリラックスタイムにやると、親子のスキンシップにもなります。

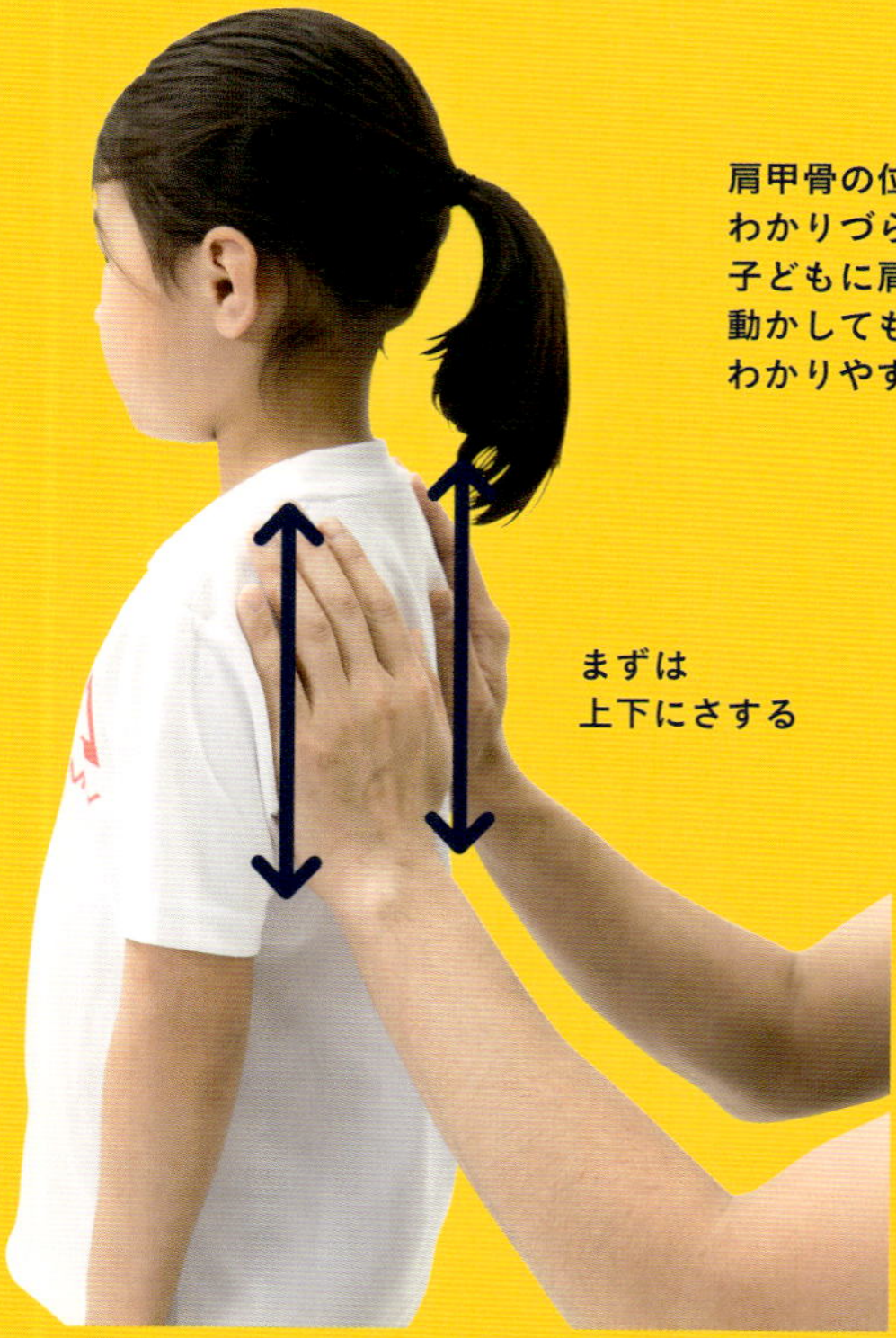

肩甲骨の位置が
わかりづらいときは、
子どもに肩を
動かしてもらうと
わかりやすい
まずは
上下にさする

1. 子どもの肩甲骨に手をそえて上下にさする

背中に当たる手の
ぬくもりを感じて

トレーニングの目安
各
5～10秒

POINT

目的は肩甲骨を感じること

強くさすりすぎないことが一番の注意点です。子どもが自分で肩甲骨を感じ取ることが目的なので、優しくさすってください。

手のひらで
肩甲骨の輪郭を
なぞるように

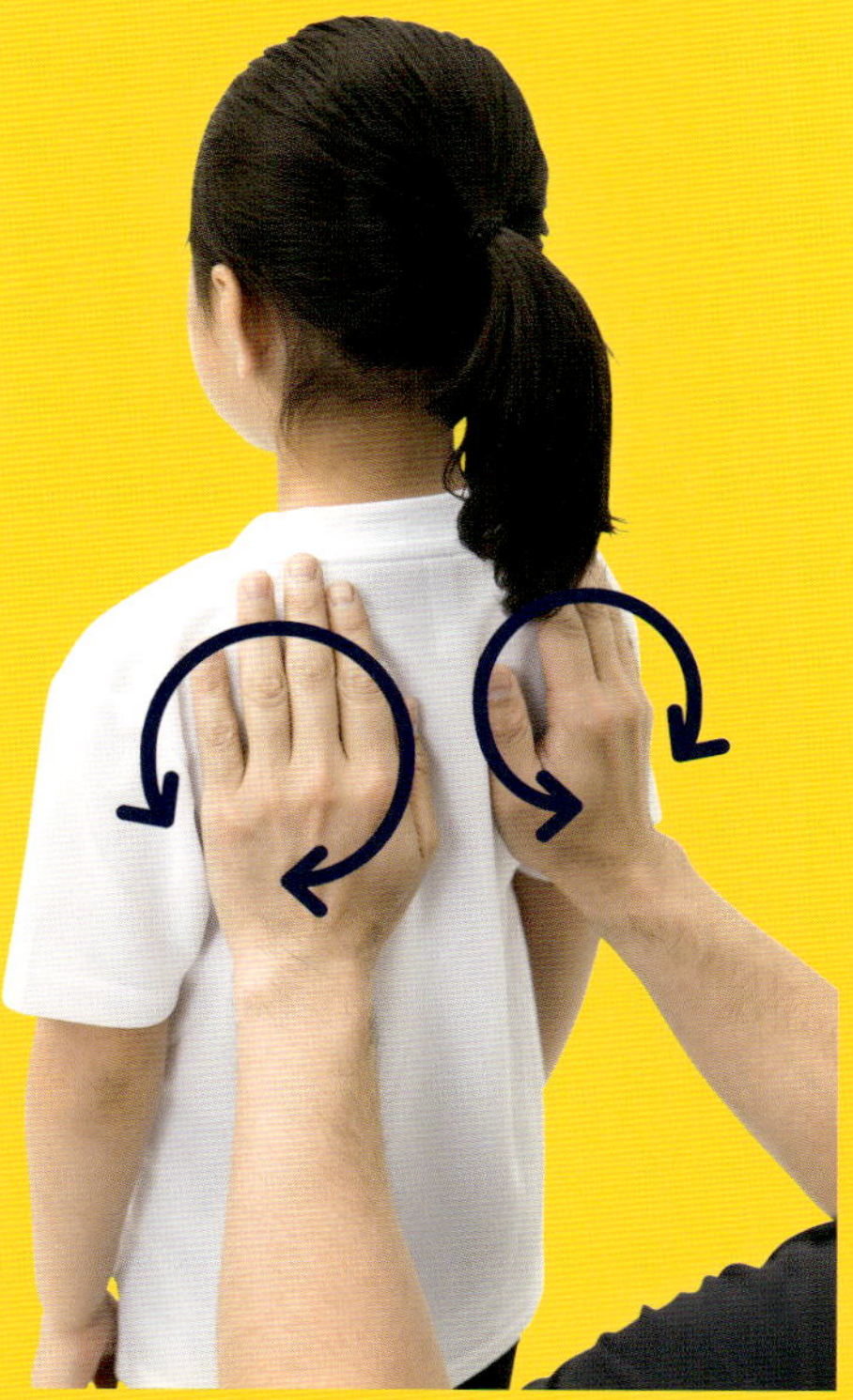

次は内側から外側に
横に手を移動させていく

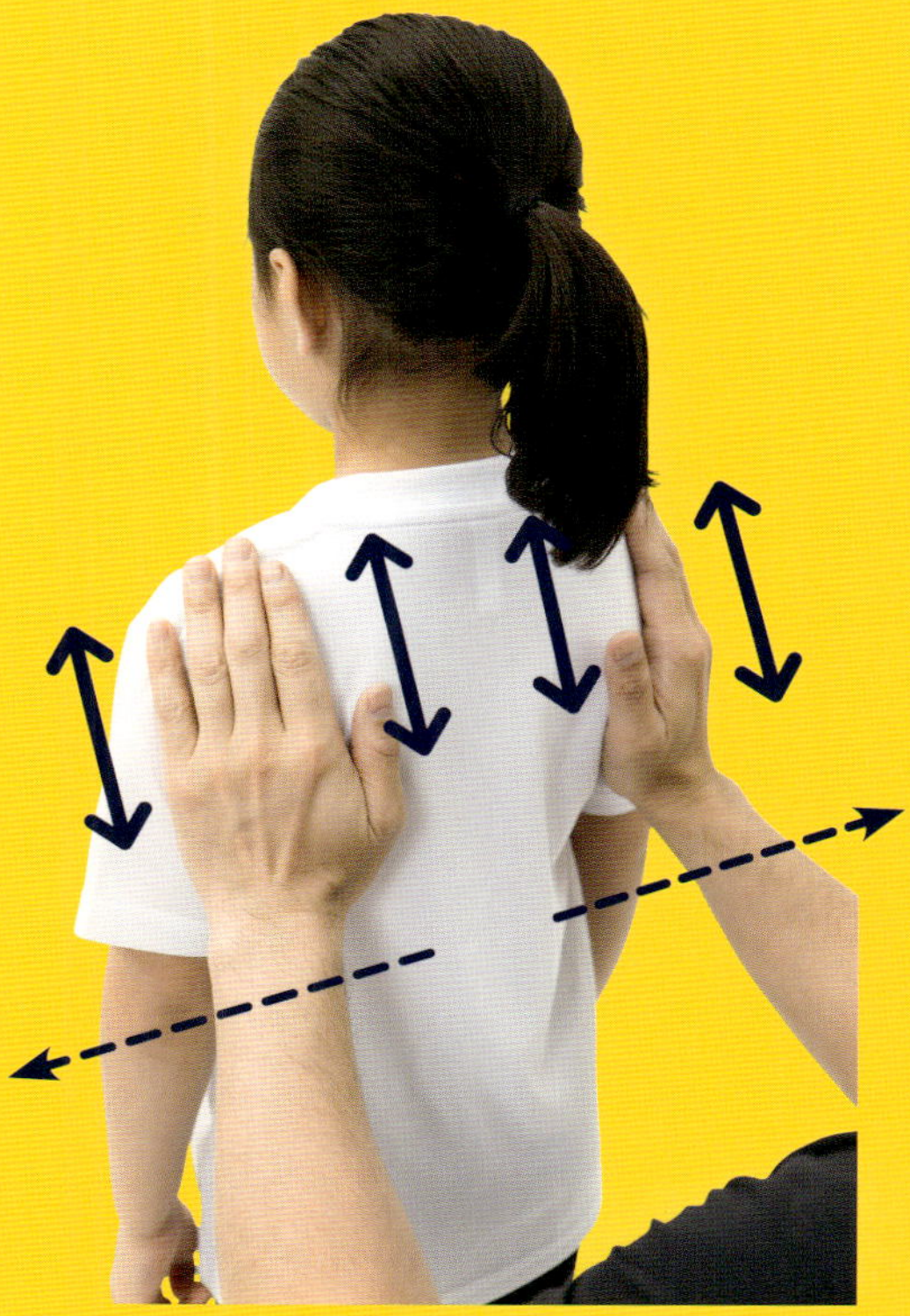

3. 肩甲骨の形がわかるように全体をさする

2. 内側から外側へまんべんなくさする

SECTION 14

親子でかけっこトレーニング

背骨トントン

背骨の感覚を呼び起こす

背骨には棘突起（きょくとっき）と呼ばれる背中に浮き出た部分があります。そこを上から下へ優しくたたいてあげます。強くなりすぎないよう、優しくたたくことを意識しましょう。軽くさすってもいいでしょう。たたく際は、子どもの神経が通るような意識を持ちながらたたいてください。走るときに背骨の感覚を意識しやすくなります。

1. 背骨を軽くたたく

肩甲骨の間あたりからスタート

骨盤までいくとスタートの位置までたたいて戻る

2. たたきながら上から下へ動かしていく

POINT

背骨ひとつひとつをトントン

背骨は 24 個の骨で構成されています。そのひとつひとつをたたいてあげることで、背骨がつながっているイメージを持つことができます。そのイメージを持ちながら体を動かすと、曲げたりしならせたりする動きができるようになります。

背骨にひびく振動を感じて！

トレーニングの目安

3 往復

SECTION 15

親子でかけっこトレーニング

肋骨呼吸

効果的な呼吸の方法を身につける

子どもの肋骨の横に優しく手をそえ、体を支えてあげます。上から見たときに肋骨が360度すべての方向にふくらんでいるように、吸って吐いてを繰り返します。両脇をしっかり支えてあげると、子どもが安定感を感じながら立つことができます。肋骨の脇の感覚が育ってくると、姿勢も保持しやすくなります。最後は肋骨の横を軽くゆすってください。

1. 息を吸い、肋骨がふくらむのを意識する

「手があるところをふくらませて」と声をかけると効果的

大人が無理に押してあげる必要はなく、手を当てるだけ

終わったら最後に軽くゆすってあげてリラックス

2. 息を吐き、力が抜けていくのを感じる

POINT

優しく手をそえる

肋骨の横を包み込むように、手で優しく支えてあげてください。手をはなしたあとも感覚が残っているのが理想的です。

手を押し返すつもりで息を吸おう！

トレーニングの目安

5回

SECTION 16

親子でかけっこトレーニング

おへそ呼吸

深い呼吸でリラックス

おへその周りには神経が集中しています。保護者は子どものお腹に手を当て、その状態で子どもに息を吸ったり吐いたりさせてください。手のぬくもりでお腹があたたまり、子どもは安心感が得られます。仰向けの姿勢で行うと、全身の力が抜けてリラックス効果もアップ。上に向かってお腹がふくらむので、おへその動きも意識しやすいでしょう。

1. お腹に意識を集中し、息を吸ってふくらませる

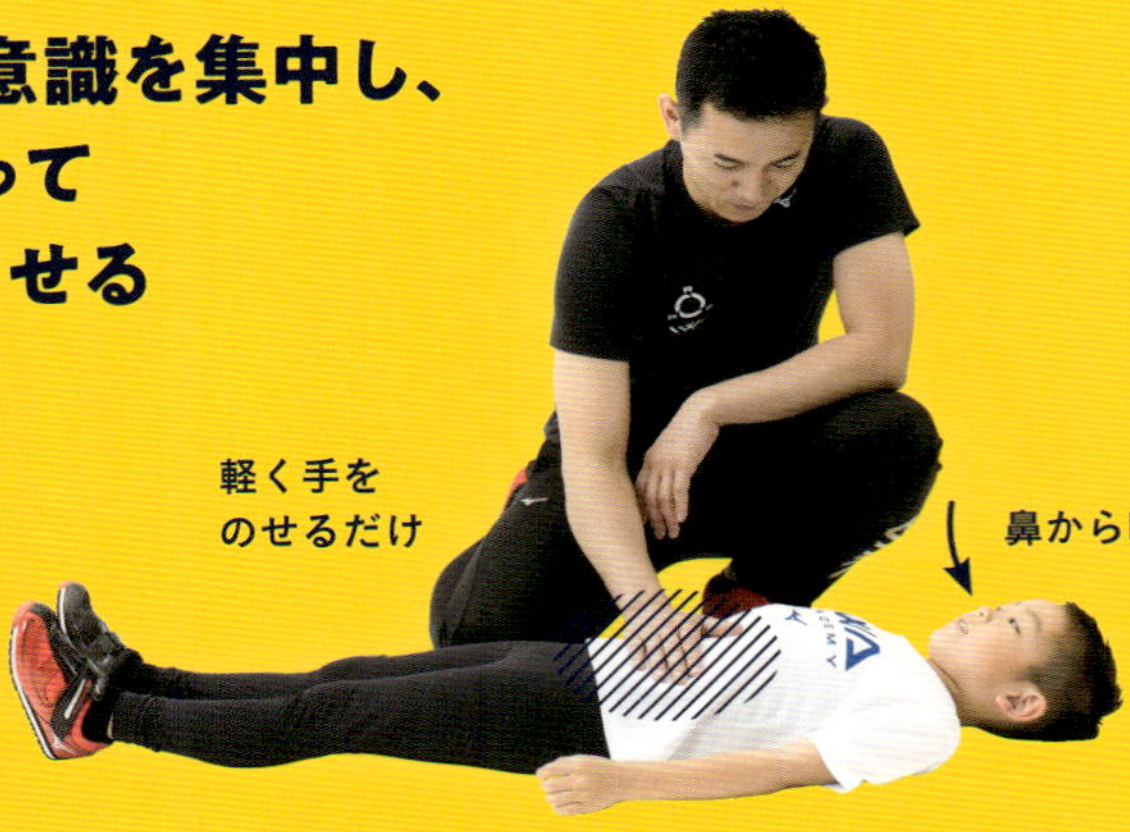
軽く手をのせるだけ
鼻から吸う

2. 息を吐いてお腹をヘコませる

口から吐く

POINT

緊張をほぐす効果がある

安心感が得られるので、運動会の前など緊張を解きほぐしたいときにやってあげると効果的です。呼吸をしたあとも感覚が残っているのが理想的です。

安心してリラックス!

トレーニングの目安

5回

SECTION 17

親子でかけっこトレーニング

しっぽゆらし

背中の感度を高める

しっぽは動物にとってとても大事な部位です。たとえば、チーターはしっぽでバランスをとることでデコボコした草原を時速１００kmで駆けることができます。人間にも尾骨と呼ばれる、しっぽの名残として知られる骨があります。尾骨は仙骨とくっついており、背骨につながっているので、この部分をゆすってあげることで、背中の筋肉が緩みやすくなります。背骨に波動を伝えるイメージで行いましょう。

1. うつぶせになり、仙骨がある部分に手を当てる

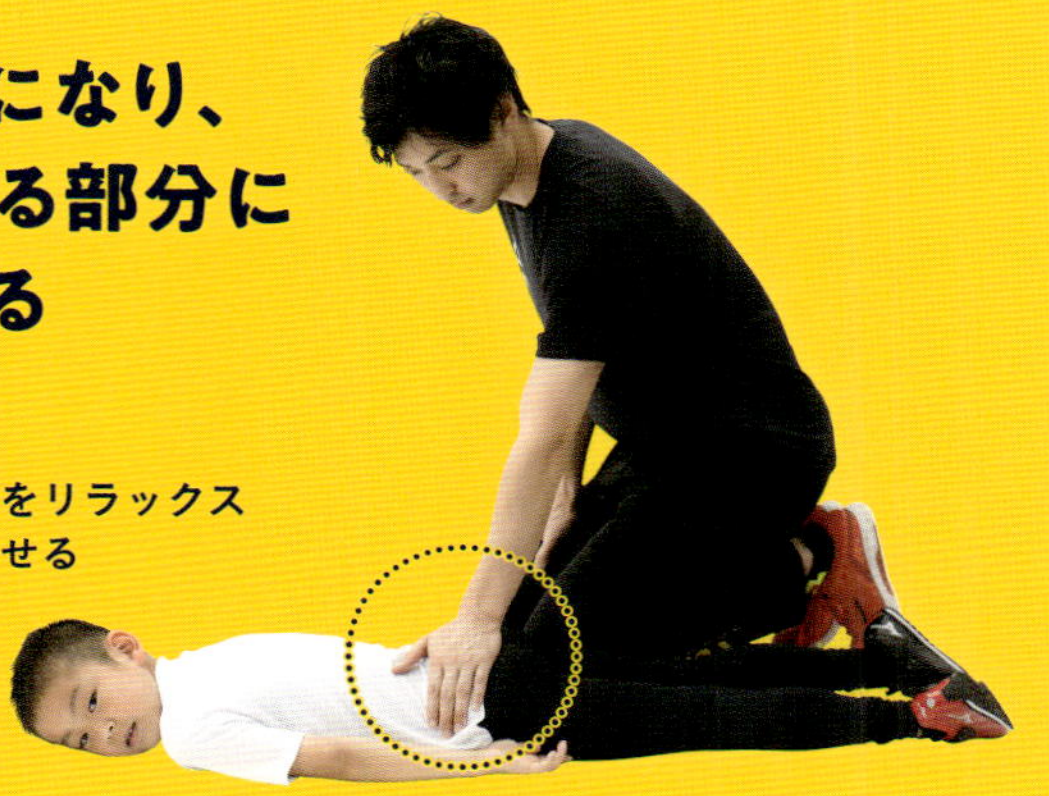

体をリラックスさせる

2. 手を左右に動かして仙骨をゆらす

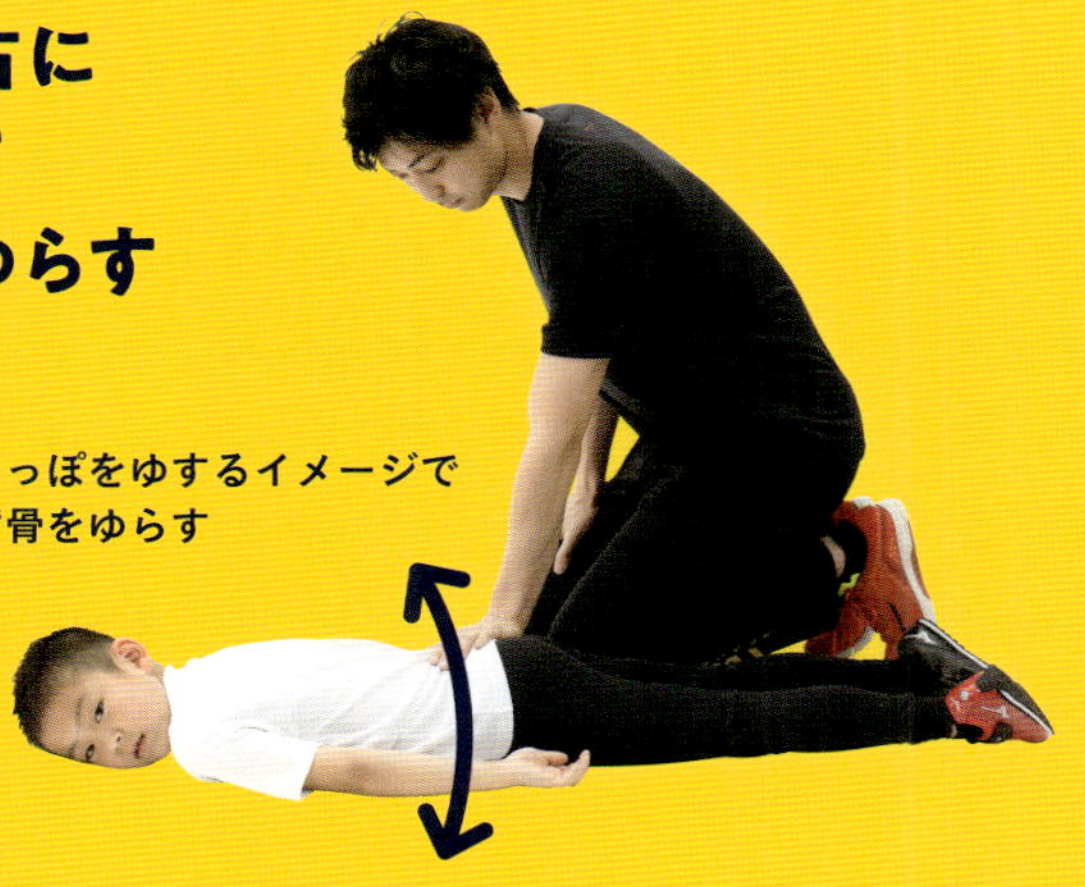

しっぽをゆするイメージで背骨をゆらす

POINT

手のひら全体をフィットさせるのがコツ

仙骨にフィットするように手をぴたっと当てます。仙骨と手を一体化させるイメージを持つと、うまく背骨に刺激が伝わります。

しっぽをフリフリするつもりで

トレーニングの目安

10〜15秒

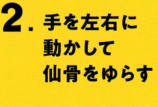

SECTION 18

親子でかけっこトレーニング

足指ニギニギ

足の先まで柔軟性を持たせる

ポイントは足の指の根元にある基節骨（きせつこつ）です。保護者はこの部分をしっかり握ってください。そうすることで、子どもも足指の根元からしっかりと握り返すことができます。「握る」と「緩める」を繰り返したら、子どもの足の指一本一本をバラバラにするつもりで優しく握ってあげましょう。足全体が動かしやすくなります。

1. 子どもの足を根元からしっかり握る

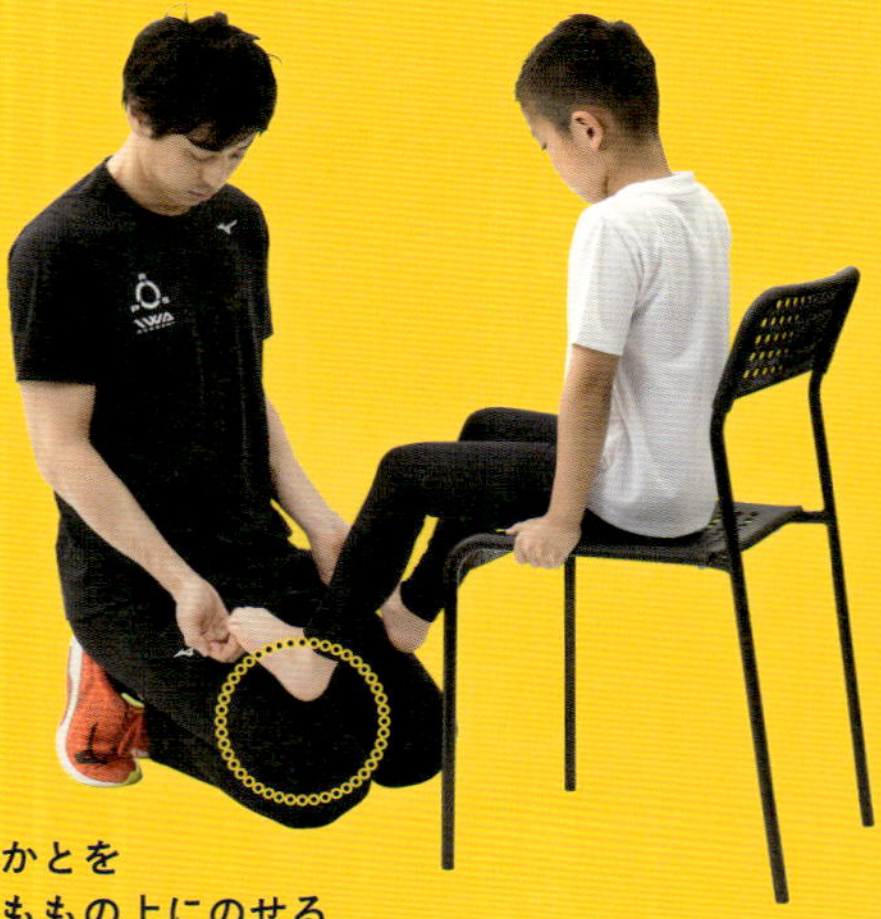

かかとを太ももの上にのせる

最後に指1本1本を軽くマッサージしてあげるとさらに効果的

2. 「握る」と「緩める」を繰り返す

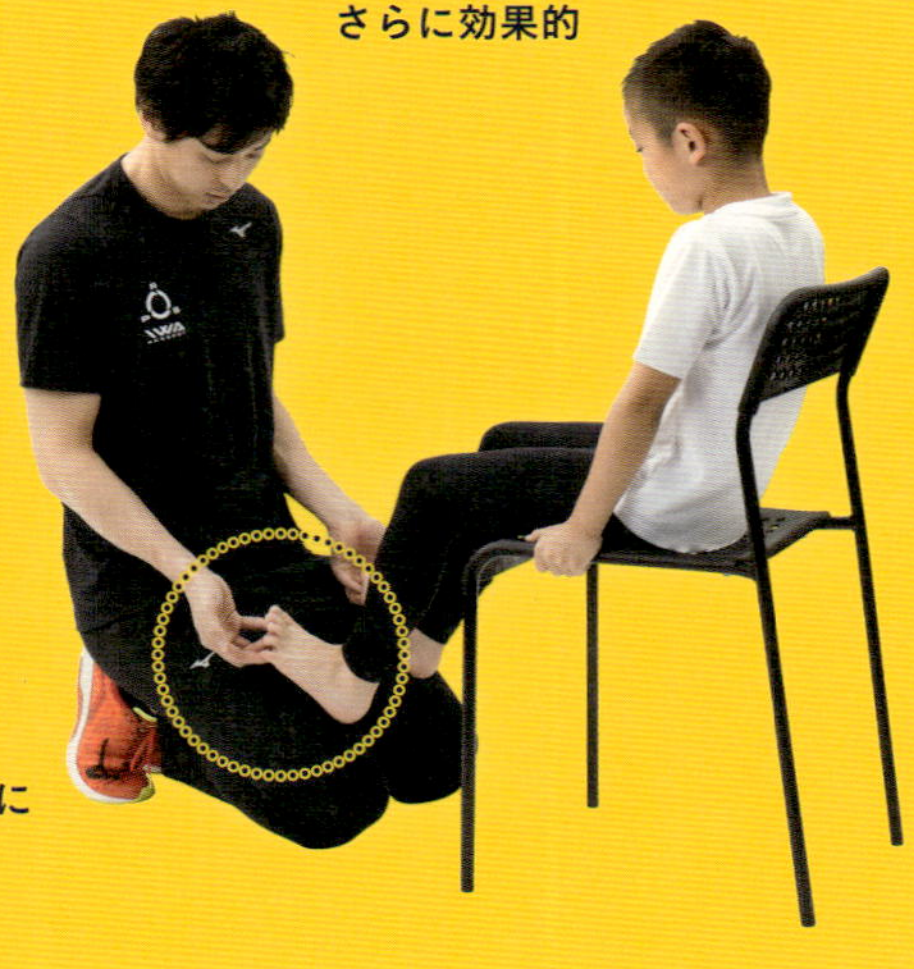

緩めたときも足指から手をはなさないように

POINT

なぞるぐらいの力加減

揉みほぐそうとするとよけいな力が入ってしまいます。保護者は子どもの骨の形をなぞってあげるように優しく触ってあげてください。

足先の感覚が研ぎ澄まされるね

トレーニングの目安

5回

親子でかけっこトレーニング

股関節クルクル

股関節を全方向に動かせるようにする

仰向けになった子どもの足を持ち上げます。かかとを包み込むように持ち、股関節を軸にクルクルと回してください。股関節は「ボール&ソケット」の構造になっているので、丸い股関節（ボール）を転がすイメージで行います。そうすることで、股関節周辺の筋肉をほぐしながら、股関節がクルクル回る感覚をつかむことができます。

1. かかとを包み込むようにして足を持ち上げる

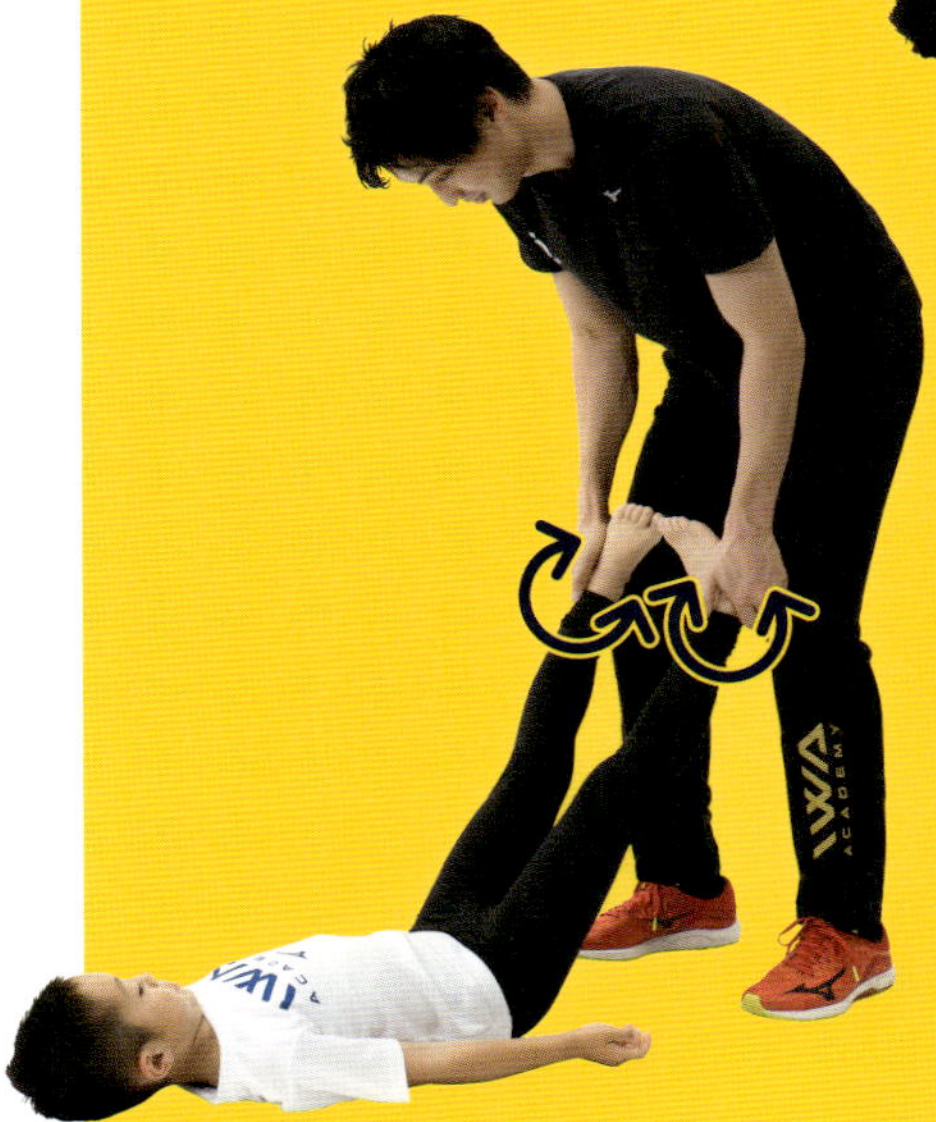
足先だけでなく
足全体を
クルクル回すイメージ

2. 股関節を軸にクルクルと回す

POINT
緊張は動きの天敵

リラックス効果を得るのも大きな目的です。力を強くすると緊張してスムーズに股関節が動かないので、優しく動かすことを意識しましょう。

自分だけでやるには難しい動きだね

トレーニングの目安
10秒

COLUMN❷

運動会・体力測定前の集中プログラム

「運動会や体力測定でよい結果を出したいけど、トレーニングの時間がない」そんな人のために、３週間で特定のトレーニングだけを行い結果を出せる集中プログラムを組みました。それぞれのプログラムを毎日行ってみてください。

▶３週間前からの１週間
体の運動感覚を呼び起こし、動ける体にしていきます。

- お魚体操…P26
- カエル体操…P27
- トカゲ体操…P28
- ライオン体操…P29

▶２週間前からの１週間
回転運動を中心に行い、体の連動性を高めます。

- 脚クルクル→ダッシュ…P32
- 肩甲骨クルクル５ワーク…P50
- 胸シャッフル…P52

▶１週間前からの４日間
体の安定感を高めると同時に本番に備えてリラックスすることも意識します。

- 呼吸通し…P48
- 手バイバイシャッフル…P54
- 腕ふり全身シャッフル…P56
- 水バシャバシャ…P58

▶３日前から
本番前に実践的なトレーニングをします。

- ゆする→ふる→通す→回す（ダッシュ）…P34
- クロススタート…P60
- コーナリングストレッチ…P62
- 足指ニギニギ…P70

\ 走りのプロに学べ /

かけっこ対談

スプリントコーチ

秋本 真吾 × 木村 匡宏

IWA ACADEMY

福島県出身、1982年生まれ。2012年まで400mハードルの陸上選手として活躍。オリピック強化指定選手にも選出。特殊種目200mハードルではアジア最高記録、日本最高記録を樹立（当時）。2013年からスプリントコーチとしてプロ野球選手やJリーガーなど数多くのプロアスリートを指導。現在は、速く走るためのスプリント指導のプロフェッショナル集団「0.01」の代表を務めながら、全国各地で年間1万人の子どもたちに走り方の指導をしている。

福島県出身、1979年生まれ。岩隈久志（現シアトル・マリナーズ）が共同オーナーをつとめるIWA ACADEMYの設立メンバー。子どもからプロ選手までの競技サポートをするトレーナー。2016年10月から、子ども発達科学研究所と提携し、未就学児向け運動プログラム「WAQUMO」の開発、科学でいじめのない世界を創る「BE A HERO」プロジェクト、部活動包括マネジメントプログラム「TEAM PLAY」の開発、普及に取り組む。

大切なのは"正しい努力"をすること

木村　いつの時代も、かけっこが得意な子はクラスの人気者で、学校生活がとても楽しそうな印象があります。一方で、「体育の授業でも速く走れる方法を教えてくれたらいいのに」と思っていました。秋本さんが走り方の大切さを実感するようになったのは何歳の頃ですか？

秋本　僕は子どもの頃から走るのは得意でした。だから、速く走る方法というのはあまり考えず、普段の練習をめちゃくちゃ頑張っている感じでしたね。ですが、ある段階で自分の足が遅くなったことに気づいたんです。どうやって速くすればいいのかが、わからなくなった。いわゆるスランプです。それが、25歳のときでした。

木村　25歳で初めてのスランプですか？

秋本　はい。高校生のときから400mハードルという種目をやってきて、毎年のように自己ベストを更新していました。それなのに、25歳でタイムがピタッと止まった。そのときにスランプというものを感じました。調子が落ちたときって、周りの人は「たくさん練習しなさい」とか「努力は報われる」というじゃないですか。でも、そうじゃない。がむしゃらに走っているだけでは速くならないんです。大切なのは、「正しい努力」をすること。技術的な部分を論理的に納得したうえで練習しなければいけないと感じました。

木村　それが今の指導につながっているのですね。秋本さんの教え方はとてもわかりやすい！　本質的なことをシンプルに伝えているように思います。どうやってそこにたどり着いたのですか？

秋本　陸上の選手となら、マニアックな会話でも成立するんです。「軸」や「重心」といった言葉を使っても、すぐにピンと来る。ところが、それをそのままプロ野球選手やJリーガーにいっても伝わらないのです。相手が小学生ならなおさらです。それなら、幼稚園児でもわかるくらいシンプルな表現をすればいい。そうすれば、どの年齢層にも伝わると思いました。

木村　なるほど！「走る」ということは教わらなくてもできてしまうことなので、「正しい走り方」という存在自体が気づきにくいですよね。だからこそ、わかりやすくて理にかなっている秋本さんの教え方をできるだけ多くの人に伝えたい！

秋本　ありがとうございます。今ではその子の走りを見ただけで、どこをどうすればよくなるかがだんだんわかるようになってきました。でも、僕自身が思ったことを言語化できなければ、曖昧な表現で子どもたちに伝えることになってしまうんです。「もっと足を速く動かした方がいいよ」といっても、子どもによっては「俺、足を速く動かしているけど……」とフラストレーションを感じてしまいます。走りを変える伝え方が必要なんです。だから、いろいろな走りを見て学び、修正するにはどういうトレーニングがいいのかをしっかりと理解し、それをわかりやすい表現で提供することが大事だと思うようになりました。

木村　プロ野球選手やJリーガーに教えるときと、子どもに教えるときとで、違いはありますか？

秋本　基本的には変わりません。小学生にも、プロ野球選手やJリーガーにも、同じようなことをいっています。たとえば、「軸を別の言葉に置き換えると何ですか？」と聞きます。すると、多くの人が「姿勢です」と答えます。でも、姿勢といっても子どもたちにはわかりませんよね。そこで、「みんな、焼き鳥を食べたことはある？」と聞く。「ある」と答えが返ってきます。そうしたら、「焼き鳥には何が刺さっている？　串が刺さっているよね。じゃあ、みんな頭の上から串を刺して、その串が折れないように走ってみよう」というんです。それだけで、みんなの姿勢がよくなりますよ。このように、超シンプルでわかりやすいのが、僕の指導の基本といえます。

木村　なるほど。走る技術というのは、野球やサッカーなど他のスポーツをする上でも間違いなく必要なスキルですよね。

秋本　もちろんです。正しい走り方を身につければ、足が速くなることはもちろん、疲れにくくなってケガを減らせます。

かけっこの本質は 回転数×歩幅＋姿勢

木村　アスリートはもちろんですが、今日はぜひ、子どもたちの足を速くする方法を教えてください。

秋本　まず、足の速さというのは、2つの要素のかけ算から成り立っています。それが、「回転数」と「歩幅」。速く走るためには、この2つをやっておけばOKです。ちなみに100mの世界記録を持っているウサイン・ボルト選手は、1秒間にどれくらい足を回転させていると思いますか？

木村　え！　どのくらいなんですか!?

秋本　4.3回転です。そして、日本のトップ選手である桐生祥秀選手や山縣亮太選手が1秒間に5回転。この2人は、世界と比較しても回転がめちゃくちゃ速いんです。では、一般的な小学生で、1秒間にどれくらい足を回転させていると思いますか。実は1秒間でおよそ4回転。世界のトップ選手と変わらないんですね。大人に比べて手足が短い小学生は、それくらいの回転数を出せるんです。

木村　確かに子どもは速い！

秋本　「歩幅」についても説明しておきます。ボルト選手の最大の歩幅がどれくらいかご存知ですか？　スタートから徐々にスピードが上がって、60〜70mのもっとも歩幅が伸びるときで2m96㎝といわれています。実際に見ていただくと、その長さがどれくらいすごいかがわかりますよ。その歩幅で1秒間に4.3回転ですから、単純に計算して1秒間に12m近くも進むことになります。ちなみに桐生選手や山縣選手で一歩の最大が2m30〜40㎝、小学生のトップで1m60㎝といわれています。

木村　だから、走るのは「回転数」と「歩幅」のかけ算だと。この2つが向上すれば、走るのも速くなるということですね。

秋本　そういうことです。ただし、大前提として、走るときの「姿勢」を忘れてはいけません。いくら歩幅を広げても、姿勢が悪いと地面を蹴る足にも力が入りませんから。もちろん、回転も出ません。すると、歩幅も広がらない、ということになります。

木村　走るときに正しい姿勢をとれる

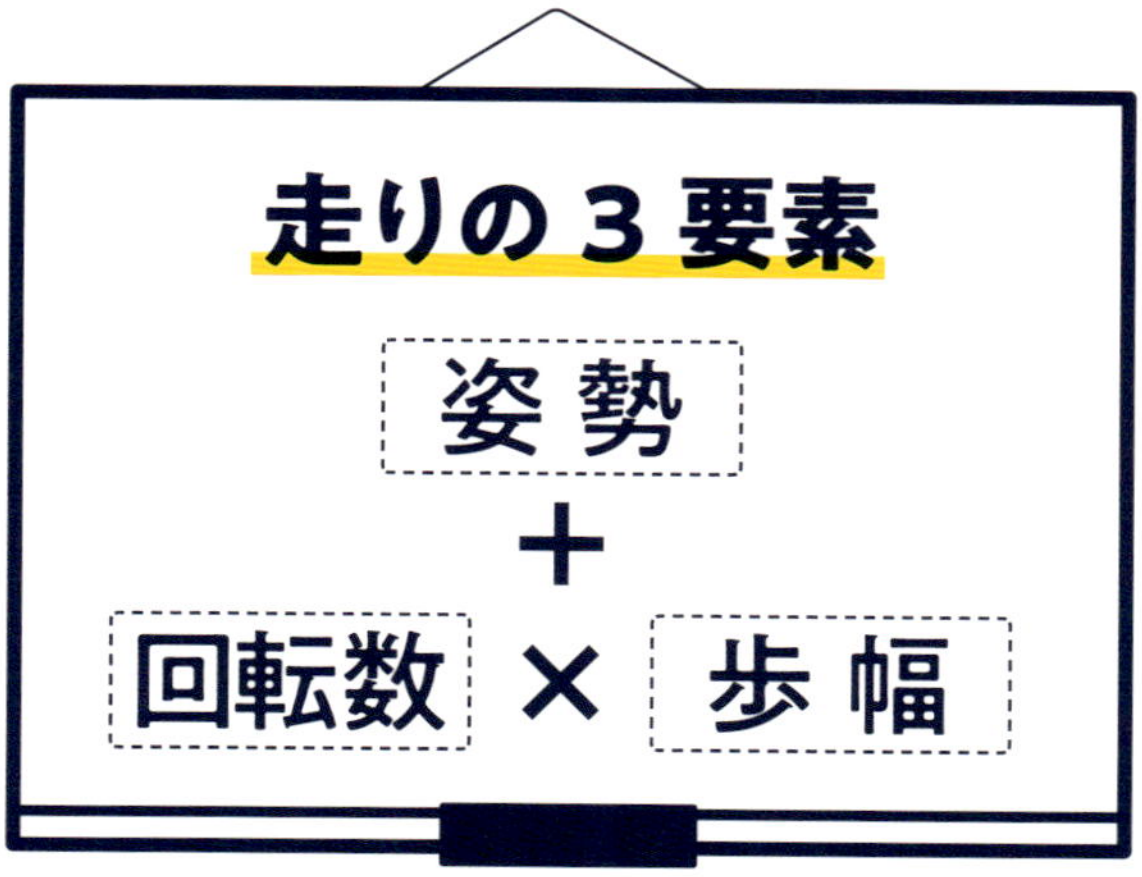

ことが大事なんですね。

秋本 そうなんです。まず正しい姿勢の作り方からはじめますね。正しい姿勢を身につけるこんな方法があります。身体測定で身長を測るとき、ピッと背筋を伸ばしますよね。このときの姿勢を思い出してください。子どもによくいうのが「壁にかかととお尻と頭をつけて、身長を測るイメージをしましょう」ということです。これで走るときの正しい姿勢がとれます。このまま前に歩き出す。慣れてきたら軽くジョギングをし、少しずつスピードを上げていきます。

壁に頭とお尻とかかとが軽く触れる状態。これが走りの基本姿勢。走るときに前傾になったとしてもこの感覚を持ったまま軸を真っ直ぐ保つことが大切だ。

木村 歩幅を広げる練習はありますか？

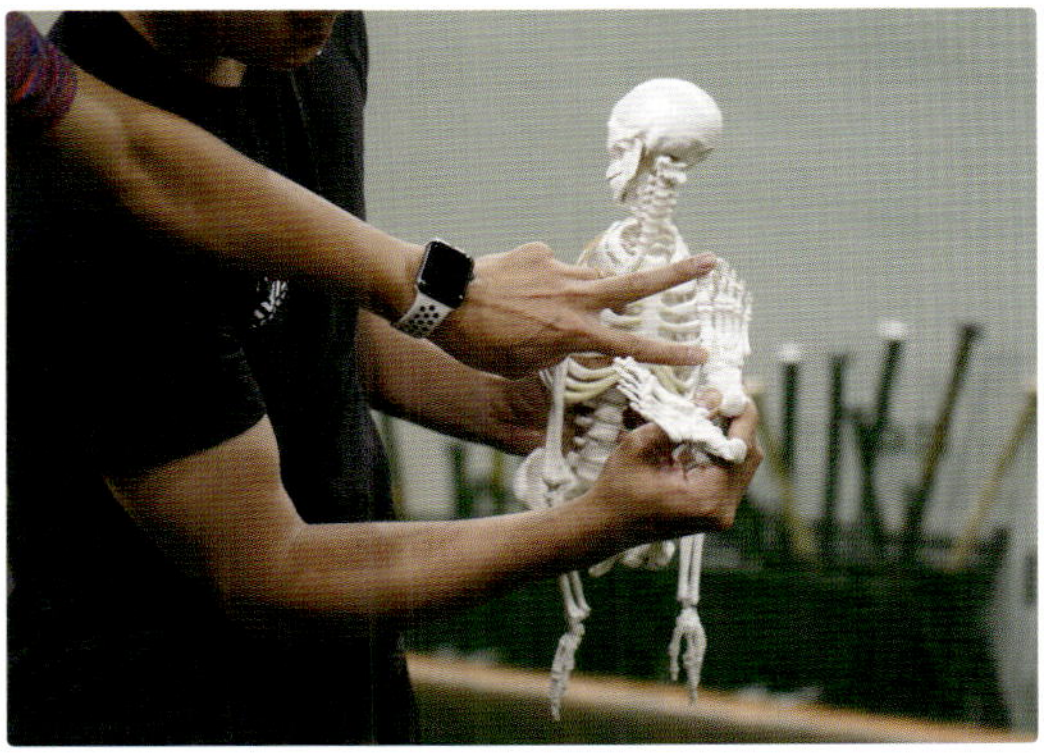

つま先の感覚を意識することが重要。一口につま先といってもその範囲は曖昧なものだが、実は足指の骨は足の大部分を占める。足全体の前側 2/3 に意識を持とう。

秋本 めいっぱい歩幅を広げて走ってみようというと、多くの人が「走りにくい」といいます。そんなときは、こんなふうにいいます。「空き缶を踏みつぶすイメージをしてください」と。〝気をつけ〟の状態で空き缶を踏みつぶそうと思ったら、どこに空き缶を置くと一番力が入りますか？

体の真下ですよね。その空き缶を上から踏みつぶすイメージで足を着地させます。このとき、かかとを地面につけず、つま先から着地してください。結局、走りというのはジャンプの連続なんです。足が速い子は、跳んでいる。つま先で跳ねる感覚を覚えると、ポンポンと弾むように走れるようになります。

木村 空き缶を踏みつぶす感覚というのはわかりやすいですね。

秋本 マーカーを使った練習も効果的

足が速い子は跳ぶ力がある。「跳ぶ」という感覚を育むことも重要。ジャンプの頂点で肩を地面に向けて押してあげると、バネのような弾む感覚を得られる。

です。子どもが練習する場合は、大人の靴で2足分くらい（大人が練習をする場合は3足分）の間隔で6～10個のマーカーを並べ、マーカーを目安にすばやく走り抜けます。とても窮屈ですが、自分の意志で足を速く動かしながら前に進んでください。最後まで行ったら、そのまま数m走り抜けましょう。注意点は手の動きです。ほとんどの人は、足をすばやく動かそうとすると手が止まってしまいます。走るときは手の動きも大事なので、腕をしっかりふってください。手足を〝小さく速く〟動かすのではなく、〝大きく速く〟動かすのがポイントです。保護者の方は、横から手拍子を入れてあげるといいでしょう。

木村 スタートダッシュを速くする方法はありますか？

秋本 小学生以下の子どもに多いのは、「よーい」のときに右手と右足が一緒に前に出るパターンです。そうすると、「ドン！」の合図で手をいったん戻さないといけないので、その分だけスタートが遅れます。

木村 たしかにそうやって構える子どもは多い！

秋本 足の幅も大事で、広げすぎても狭すぎてもいけません。僕のやり方としては、まず前足の靴の横に後ろ足のひざを置きます。このとき、左右の足をピタッとつけず、少し隙間を空けておくこと。このまますっと腰を上げてください。この構えが、一番力が入ります。練習のひとつとして、重たいものを押すという動きをやってもいいでしょう。保護者と2人組でやってもいいし、壁を使ってもいい。この姿勢が、スタートダッシュにつながります。

スタートダッシュの練習

壁を押すスタートダッシュの練習。前足の靴の横に後ろ足のひざを置く。左右の足の間に少し隙間を空けておくこと。

その状態のまますっと腰を上げる。この構えがスタートの構え。力が一番入る形だ。

そのまま壁を10秒間押し続けてみよう。力を入れ続ける力というのも走るうえではとても重要な要素なのだ。

ネガティブな言葉は絶対に使わない

木村 スポーツ経験の有無にかかわらず、保護者が自分の子どもに走り方を指導するときは、どんなことを意識すればいいですか？

秋本 映像で見せてあげると効果的だと思います。僕自身、小学4年生のときにこんなことがありました。給食の時間に運動会の様子を教室のテレビで流していたんです。僕が走る順番になったとき、みんな「やっぱり速いな」って驚くと思っていました。いつも一番でしたからね。すると、なぜか笑いが起きたんです。ハッとしてテレビを見ると、顔をめちゃくちゃふって、腕ふりもバラバラで走っていた。そのときに、自分のフォームは笑われるんだって思いました。めちゃくちゃ恥ずかしかったですね。今はスマホで簡単に動画が撮れる時代です。もし、お子さんのフォームがおかしいと思ったら、ダメ出しはせずに動画で撮ってそれを見せてあげてください。そして次に、もっとよくするためにどうしたらよいかを伝えてあげます「足の回転を速くするときに手も大きく動いているかな」「空き缶を上からつぶすようになっているかな」。そうした動きを、映像で見せながら教えてあげてほしいと思います。

木村 声がけで気をつけていることはありますか？

秋本 ネガティブな言葉は絶対に使わない、ということですね。子どもがうまくできないと、どうしても「何でできないんだ」といいがちです。ダメなところだけを指摘すると、一番大切な意欲がなくなってしまいます。そうではなく、「もう一回、映像で見てみようか」「どう？ もっと腕がふれるんじゃない？」とどうしたらよいかを教えてあげる。常にポジティブな声がけをしてあげることが大事です。

木村 最後に、一生懸命かけっこの練習をしている子どもたちにメッセージをお願いします。

秋本 「走るための技術」がちゃんとあります。僕は「0・01」というプロジェクトを立ち上げて、走る技術を多くの人に指導しています。そこで、今の自分より0・01秒速くなることに価値があるということを伝えていきたいと思います。速く走るためには何が大切かを考えて練習することが大事。それが結果になったとき、必ず子どもたちの自信になると思うんですね。そのためには、保護者の正しいサポートが必要です。保護者が正しい知識を持つことで、正しい評価ができる。だからこそ、保護者が子どもたちと一緒に成長していける存在になってほしいと思います。足が速くなることが子どもたちのそれぞれのスポーツにつながり、生きる自信につながってほしいです。

木村匡宏 Kimura Masahiro

IWA ACADEMY チーフディレクター
公益社団法人　子どもの発達科学研究所特任研究員

1979 年生まれ。慶應義塾大学卒業。岩隈久志（現シアトル・マリナーズ）が共同オーナーをつとめる IWA ACADEMY の設立メンバー。子どもからプロ選手までの競技サポートをするトレーナー。2016 年 10 月から、子ども発達科学研究所と提携し、未就学児向け運動プログラム「WAQUMO」の開発、科学でいじめのない世界を創る「BE A HERO」プロジェクト、部活動包括マネジメントプログラム「TEAM PLAY」の開発、普及に取り組む。主な著書に『実はスゴイ四股　―いつまでも自力で歩ける体をつくる』『24 時間疲れない！　最強の身体づくり』（ワニブックス）がある。

和久田学 Wakuta Manabu

公益社団法人 子どもの発達科学研究所　主席研究員
小児発達学博士
大阪大学大学院　連合小児発達学研究科　特任講師

特別支援学校教諭として 20 年以上現場で勤め、その後科学的根拠のある支援方法や、発達障がい、問題行動に関する研究をするために連合大学院で学び、小児発達学の博士学位を取得。専門領域は子どもの問題行動（いじめや不登校・暴力行為）の予防・介入支援に関するプログラム・支援者トレーニングなど。また、教育現場での経験と科学的根拠を融合させた教材開発、各種プログラム開発なども行っている。

編集協力　和久田学（子どもの発達科学研究所）
　　　　　秋本真吾（スプリントコーチ／ 0.01 プロジェクト）
総合プロデュース　内田康貴
マネジメント　亀田恭之
トレーナー　田邊大吾／田丸凌／辻将信
編　　集　株式会社ナイスク（naisg.com）
　　　　　高作真紀／三上恒希／鈴木英里子
デザイン・DTP　佐々木志帆（ナイスク）
写　　真　中川文作
執　　筆　岩本勝暁
イラスト　田中小百合（osuzudesign）
動　　画　秋山広光（ビジュアルツールコンサルティング）
協　　力　ミズノ株式会社／一般社団法人 IWA JAPAN

速効！ 5分で伸びる！
子どもの走り方トレーニング

2018（平成 30）年 7 月 31 日　初版第 1 刷発行
2018（平成 30）年 10 月 7 日　初版第 2 刷発行

編 著 者　木村匡宏
発 行 者　錦織圭之介
発 行 所　株式会社 東洋館出版社
　　　　　〒 113-0021　東京都文京区本駒込 5-16-7
　　　　　営業部　TEL：03-3823-9206　FAX：03-3823-9208
　　　　　編集部　TEL：03-3823-9207　FAX：03-3823-9209
　　　　　振　替　00180-7-96823
　　　　　URL　http://www.toyokan.co.jp

[印刷・製本]　藤原印刷株式会社
ISBN978-4-491-03553-6　　Printed in Japan